Vielleicht bin ich ja ein Wunder

Christine Haiden
Petra Rainer

Vielleicht bin ich ja ein Wunder

Gespräche mit 100-Jährigen

Residenz Verlag

Inhalt

Vorwort

100 Jahre alt zu werden, ist der Traum vieler Menschen. Doch wie lebt es sich, wenn man dieses Alter tatsächlich erreicht?
Am besten, man fragt die 100-Jährigen selbst. Viele sind noch in der Lage, über sich zu erzählen. Nicht immer können die Geschichten, die sie erinnern, den Anforderungen historischer Genauigkeit entsprechen. Wahr ist alles, was 100-Jährige erzählen, aber dennoch. Es ist ihre Wahrheit.

Wer heute 100 Jahre und älter ist, hat ein wechselvolles Jahrhundert durchmessen. Die äußeren Bedingungen – zwei Kriege, mehrfache Wechsel der politischen Systeme, ein enormer technischer und wirtschaftlicher Fortschritt und ein Wandel im Selbstverständnis der Individuen – zeigen sich in den Lebensläufen 100-Jähriger.
Doch trotz parallel laufender Lebenszeit ist jedes Leben unverwechselbar anders. Zufall? Selbst gestaltet? Angenommen?

Wer alt ist, lebt schon lange in einer eigenen Welt. Es ist zu vermuten, dass über Jahrzehnte ausgeprägte Eigenheiten in der abnehmenden Kraft der späten Jahre besonders deutlich zutage treten. Doch auch die Konzentration auf das Wesentliche und die Heiterkeit sind nie so deutlich wie in den letzten Tagen und angesichts der letzten Dinge.

Das Signum des Wunders ist die Einmaligkeit. Jeder Mensch trägt es. Wird er gar 100 Jahre alt, wächst das Staunen. Langsam traut sich ein Mensch dann auch selbst zu begreifen, dass er „vielleicht doch ein Wunder" ist.

Christine Haiden und Petra Rainer

Wir danken allen, die sich für dieses Buch für ein Gespräch zur Verfügung gestellt haben. Gerne denken wir auch an alle Angehörigen, Betreuungspersonen und Kontaktvermittler, die uns beim Gespräch, bei den fotografischen Aufnahmen und den abschließenden Klärungen behilflich waren. Für einen Teil der porträtierten Menschen ist während der Produktionszeit des Buches das lange Leben zu Ende gegangen. So werden die letzten Bilder und Gespräche noch einmal besonders kostbar. Wir danken mit Respekt und großer Freude für alles, was bleibt.

Geboren unter einer anderen Sonne

Warda Bleser-Bircher, Geologin, Paläontologin, Botanikerin, Malerin, geboren 1905

Der Weg zu Warda Bleser-Bircher führt steil bergan auf die Höhen von Orselina oberhalb von Locarno. Von ihrem Haus aus hat man einen wunderbaren Blick über den Lago Maggiore. Warda Bleser-Birchers Eltern haben dieses Haus 1926 erbaut. Nach dem Tod ihres Mannes Paul lebt Warda alleine mit ihrer Katze Mitza in diesem Haus. Schon in der Eingangshalle sind zahlreiche Objekte aus aller Welt, Zeugen der internationalen Vergangenheit der Bewohner. Ihre frühere Nachbarin Flavia betreut Warda liebevoll. Warda Bleser-Bircher ist eine kleine, zarte Person, die uns sehr freundlich willkommen heißt. „Ich bin geboren unter einer anderen Sonne", meint sie. Vor 101 Jahren kam sie in Ägypten zur Welt. Wir lassen uns an ihrem Esstisch nieder. Gleich zu Beginn gibt uns Flavia ein dickes, grün eingebundenes Buch, das Lebenswerk von Warda Bleser-Bircher und ihres Vaters Alfred. Eine Zusammenstellung der Botanik Ägyptens. Wardas Vater hatte diese Aufzeichnung begonnen, ausgehend von seinem privaten botanischen Garten in El Saff am Nil. Warda hatte diese Aufstellung vervollständigt und mit Zeichnungen versehen. Ihr eigentlicher Beruf war allerdings der einer Paläontologin.

Wie ist die Liebe des Vaters zu den Pflanzen entstanden?
Er hatte schon als Schuljunge ein schönes Herbar. Er ist in der Schweiz aufgewachsen und schon als sehr junger Mann mit seinem Vater nach Ägypten gereist. Der Großvater hatte ein gutgehendes Import-Export-Geschäft. Mein Vater war gerne draußen, er interessierte sich für die Einbürgerung von exotischen Pflanzen in Ägypten.

Sie waren ein Kind, auf das die Eltern sehr lange gewartet haben.
Ja. Meine Mutter hat leider deren drei verloren. Nur ich bin am Leben geblieben. Meiner Mutter ist es sehr schwer gefallen, sie hätte gerne mehr Kinder gehabt. Sie hat sich immer sehr gesorgt, dass ich Gesellschaft hatte, Kinder zum Spielen. Ich habe eine sehr schöne Kindheit gehabt.

Sie waren immer abwechselnd in Ägypten und in der Schweiz?
Mein Vater hatte eine Backsteinfabrik und eine Gipsmühle. Er hatte immer Vertrauensleute und konnte im Sommer in die Schweiz kommen. Aber nur jedes zweite Jahr, weil die Reise zu teuer war. Zuerst ging ich in die französische Klosterschule „Mère de Dieu“ in Kairo. Wenn die Eltern in die Schweiz kamen, haben sie mich in einem Kinderheim abgesetzt, damit sie die verschiedenen Verwandten besuchen konnten. Das war eigentlich schön. Ich war mit vielen anderen Kindern zusammen, wurde rein vegetarisch und nach allen Regeln der Gesundheit ernährt, im Kanton Appenzell im Gebirge. Wir machten sehr viele Ausflüge, auch bei schlechtem Wetter, und dann durfte man unter dem Schirm der Leiterin stehen. Man hat jeden Tag geturnt. Morgens hat man Kirchenlieder gesungen. Wir haben sogar kleinere Bergtouren gemacht.

Wie sind Sie auf die Idee gekommen, Geologie und Paläontologie zu studieren?
Es hat mich einfach interessiert. Meine Mutter fand, nach der Matura sei es genug, aber ich sagte: „Niemals, niemals werde ich mein Studium aufgeben. Wenn du willst, kann ich das Geld selbst verdienen, aber ich will unbedingt doktorieren, sonst bekommt man später sehr schwer Stellungen.“ Ich bin dann sehr froh gewesen über diese Diplome. Ich kam zuerst in die Türkei, bekam dort eine sehr interessante Stelle. Später kamen die Russen nach Anatolien. Sie besetzten Kleinasien, und da wurde es schwierig für mich, meinen Job zu behalten. Man musste etwas diplomatisch vorgehen. Ich hörte, dass im Iran – jetzt machen die die Atombomben, aber damals war das nicht der Fall – auch Leute gesucht wurden, um eine gute Karte des Landes zu erstellen. Und dafür brauchten sie auch eine Paläontologin. Es ist sehr wichtig, dass man die Fossilien kennt, denn es gibt sehr viele sogenannte Leitfossilien und die sind dann auskunftgebend über das Alter der betreffenden Schichten. Ich wollte das selbst feststellen. Ich habe auch später in Ägypten gearbeitet für die Anglo-Egyptian Oilfields, das gehörte auch zur Firma Shell.

Der Zweck der Altersbestimmung der fossilen Schichten war damals schon die Erdölsuche?
Ja, die Suche nach Petrol. Bei dieser Stellung in Persien hatte ich es sehr schön. Ich blieb dort drei Jahre. Ich hatte ein sehr schönes Haus in einem Einheimischenviertel. Ich habe Unterricht genommen im Lesen und Schreiben von Persisch. Sie haben dieselben Buchstaben wie die Türken und eine sehr reiche, wunderschöne Literatur. Das habe ich in meiner freien Zeit sehr genossen.

Hatten Sie damals schon selbst ein Auto?
Nein, es gab keine guten Straßen. Man wurde durchgeschüttelt beim Fahren. Man konnte auch mit Eseln reiten. Das Kamel war zwar besser, da wird man so sanft gewiegt.

Haben Sie viel beitragen können zum Finden des Erdöls?

Ja, ich konnte vieles bestätigen mit Beweisen über das Alter der Fossilien. Ich hatte Paläontologie ziemlich gründlich studiert. Sie wollten mich behalten, aber im 2. Weltkrieg kam General Rommel sehr nahe dem Ort, wo meine Eltern wohnten, und ich bekam es mit der Angst zu tun. Die haben ganze Stücke der Wüste erobert. Also bin ich zurück nach Ägypten. Das war eine unheimliche Zeit. Krieg ist Krieg. Sollte es nicht geben.

Später erzählt Warda Bleser-Bircher, dass die Sorge, ihre Eltern könnten von den Deutschen bedroht werden, damit zusammenhing, dass ihre Großmutter väterlicherseits eine spanische Jüdin war. Die Eltern überstanden die Zeit unbehelligt.

Wie viele Mitstudentinnen hatten Sie in den Paläontologie-Vorlesungen?

Ich war eine Ausnahme. Ich ging auf fast alle Exkursionen mit. Da war ich meist die einzige Frau. Der Professor war einer jener Menschen, die verstehen, andere Menschen zu begeistern, sodass man beinahe dabei war, als die geologische Karte der Schweiz ergänzt wurde. Immer wieder fanden wir neue Beweise, nach welchen die Deckentheorie stimmte und die sogenannten Überschiebungen bestätigt wurden. Das war ein sehr anregendes Studium.

Damals haben noch nicht viele Frauen studiert. Warum haben Sie ausgerechnet Paläontologie gewählt? Hatten Sie ein Vorbild?

Es war der Professor selbst, er war einer der Lehrer, die begeistern konnten. Auf Exkursionen war er fast immer dabei. Er hat uns neue Aufschlüsse gezeigt, die seine Deckentheorie bestätigt haben. Man hatte das Gefühl, man macht mit. Aber ich war fast immer die einzige Frau.

Sind Sie sich dabei komisch vorgekommen?

Ein bisschen schon, aber es war ja auch mein künftiger Mann dabei. Wir verstanden uns schon als Studenten sehr gut. Es war schön, so wie später auch unsere Ehe.

Worüber haben Sie Ihre Doktorarbeit gemacht?

Meine Arbeit war über Schweizer Alpen im Kanton Glarus. In den Glarner Alpen war eine Fundstelle, über die noch niemand geschrieben hatte. Professor Staub sagte, ich solle das machen, weil dort viele Fossilien sind. Ich musste sprengen, und das fand ich ein bisschen beängstigend. Dann sind Kollegen mitgekommen, mein künftiger Ehemann und drei andere, und die fanden das interessant. Wir übernachteten in einer Hütte, in deren Untergeschoß Schweine lebten. Man hörte sie die ganze Nacht grunzen unter uns. Ich fand eine Menge Analogien mit den französischen Alpen und konnte viele Altersbestimmungen machen. Die Dissertation wurde sehr gelobt. Ich habe mich dann etwas auf Ammoniten spezialisiert. Es ist immer interessant, wenn man rein wissenschaftliche Arbeit machen kann und der nächste Gelehrte kann weiter darauf aufbauen. Einer baut auf dem anderen auf. Das ist Wissenschaft.

Mit dem Heiraten haben Sie sich dann sehr lange Zeit gelassen.

Ja, leider, leider, sonst hätten wir vielleicht Kinder gehabt. Aber mein Mann sagte: „Ich heirate nicht mit Schulden." Er hatte Gönner gefunden, die sein Studium bezahlten, und er wollte alles zurückzahlen, bevor wir heirateten. Ich begreife es schon. Wir waren sehr glücklich, passten gut zusammen.

Im Gegensatz zu Warda Bircher stammte Paul Bleser aus einer verarmten, katholischen Familie mit zahlreichen Kindern.

Wie alt waren Sie bei der Heirat?

Genau einundvierzig. Man fühlt sich da noch sehr jung.

Unvermittelt kommt Flavias Lebenspartner dazu, der ihr einen Computer bereitgestellt hat und für sie E-Mails abruft.
„Ich bin erst am Lernen mit dem Computer. Es geht schon ein bisschen, aber ich mache noch dumme Fehler", meint Warda Bleser-Bircher.

Was würden Sie denn noch gerne tun im Leben?
Reisen und malen. Ich male Blumen, das tu ich gerne. Mein Mann und ich waren Wissenschafter, und wir sind beide begeistert von Schönheit, von Bildern, von Leuten, die malen können, und wir haben uns in der letzten Zeit viel mit Landschaften und Blumen befasst. Da wir dies zusammen machten, war es ein bisschen um die Wette. Das machte uns Spaß. Er war begabter als ich. Wir machten Pläne, dass wir eines Tages nur mehr reisen und malen würden, soweit das Geld reichen würde.

Ist der Traum verwirklicht worden?
Nein, aber wir haben hier in der Umgebung so viele Malobjekte entdeckt, dass es gar nicht notwendig war, weit zu reisen.

Paul Bleser ist 1991 gestorben. Warda Bleser-Bircher reiste bis vor kurzem noch immer regelmäßig einige Monate im Jahr nach Ägypten, um sich um den ehemaligen botanischen Garten des Vaters zu kümmern. Sie verkaufte ihn im Einverständnis ihres Mannes und schweren Herzens im Jahre 1990. Warda traut sich auch heute noch Flugreisen zu, denn „da gibt es ja keine Altersbeschränkung". Lieber seien ihr allerdings immer Schiffsreisen gewesen, das sei viel mehr „relaxing".

Welche Erinnerungen haben Sie an Ägypten?
Mein Vater hatte ja eine Fabrik, wo Backsteine aus Nilschlamm erzeugt wurden, und eine Produktionsanlage zur Gipserzeugung. Für letzteres gab es eine Karawane mit Kamelen, die täglich den Rohstoff aus der Wüste herbeibrachten. Das war sehr anstrengend für die Tiere. Die Kamele waren schwer beladen, bis zur Erschöpfung. Wenn die Tiere sich dann beim Zurückkommen zum Abladen setzen mussten, haben sie oft gebrüllt vor Schmerz und vor Durst. Aber mein Vater war besorgt, dass alle nach der schweren Arbeit genügend zu trinken und zu fressen vorgesetzt bekamen.

Die Fabrik des Vaters wurde später verkauft?
Ja, sie wurde vom Konkurrenten aufgekauft. Aber mein Vater war froh, die Fabrik los zu werden, weil es doch sehr mühsam war mit den Arbeitern. Andererseits war mein Vater sehr beliebt. Er fungierte immer als Arzt, obwohl er das nicht gelernt hatte. Er hatte sich spezialisiert auf die Behandlung von Schlangen- und Skorpionbissen. Er tat das unentgeltlich.

Als die Fabrik verkauft war, blieb noch der große botanische Garten.
Ja, der wurde nicht verkauft, sondern nach dem Tod des Vaters übernahm ihn die Regierung. Aber alles, was Regierung ist, ist immer ein großes Fragezeichen. Die Leute sind fast immer sehr sich selbst überlassen.

1963 wurde der botanische Garten von der ägyptischen Regierung enteignet. Warda prozessierte dagegen und erhielt den Garten ein Jahr später zurück.

Gibt es den Garten noch?
Ja, aber er ist mehr oder weniger in einen Obstgarten verwandelt worden. Das ist schade. Aber es ist niemand da, der viel Geld investieren will. Und deswegen kultiviert man das, wovon man sich einen guten Gewinn erhofft.

Und ein Garten ist ein sehr flüchtiges Kunstwerk.
Ja. Er muss gepflegt werden, es braucht die Gegenwart von jemand, der sich ein bisschen auskennt mit Botanik. Es wird in Ägypten immer zu viel gewässert, und dadurch sterben viele wichtige Pflanzen ab.

Warda Bleser-Bircher hat in ihrem Leben viele Sprachen gelernt. Daheim sprach man Deutsch. In einer katholischen französischen Schule lief alles in Französisch. In Ägypten lernte sie auch Arabisch. Arabisch sei eine wunderbare Sprache, sehr logisch aufgebaut, sagt sie. Englisch konnte sie bald, und Italienisch sprach Warda Bleser-Bircher vor allem während ihrer Aufenthalte im Tessin. Täglich liest sie italienische Zeitungen, um ihren Wortschatz zu vergrößern. Auch Türkisch und Persisch hat Frau Bleser-Bircher berufsbedingt gelernt.

Wie ist das Leben im Alter für Sie?
Die Zukunft gehört den jüngeren Menschen, aber ich habe es doch immer noch schön. Leider sind meine Eltern und mein Mann allzu früh weggestorben. Ich wünsche jeden Tag, sie wären alle noch da.

Haben Sie denn Altersbeschwerden?
Ich habe ein nervöses Herz. Das ist eben mein Temperament. Ich bin vielleicht ein bisschen künstlerisch begabt, sodass ich mich richtig freuen kann, himmelhoch jauchzend und zu Tode betrübt. Ich bin sensibel, und mein Mann war genauso. Wir haben uns wunderbar verstanden. Wenn wir uns eine Freude leisteten, dann war es, zusammen auszufahren in seinem schönen Auto und an der schönsten Stelle Halt zu machen und zu malen. Wenn man fühlt, man ist ganz dabei und man macht Fortschritte, ist das sehr schön. Ich glaube, es ist gut, wenn man daran arbeitet, einander besser zu verstehen.

Hatte die Religion für Sie eine Bedeutung?
Nein, keine sehr große. Die Bedeutung kam erst, als mein Mann und ich uns kennen lernten, und dann stand die Religion auf einmal wie eine Wand zwischen uns. Er hatte einen Bruder, der Priester war, und vier Schwestern im Kloster, eine sehr fromme Familie. Aber er war klug genug, ein bisschen weiter zu sehen.

Sie haben der Religion eher nichts abgewinnen können?
Doch. Ich habe großen Respekt bekommen vor seiner tiefen Religiosität. Wir Protestanten gehen vielleicht nicht so in die Tiefe. Es war glücklicherweise eine sehr gute Ehe, und jeder war voller Hoffnung auf ein immer tieferes gegenseitiges Verständnis. Man kam sich dann fast ein bisschen historisch vor, wir zwei arbeiteten am besseren Verständnis der Menschen.
Am Anfang sagte mein Mann: „Ausgeschlossen, das gibt es nicht, wie du denkst." Und dann hat man sich besser kennen gelernt, und ich glaube, es hat uns beiden für unser gegenseitiges Verständnis sehr geholfen, dass wir verschiedener Konfession waren. Es zwang uns, darüber nachzudenken. Mir ist es jedenfalls so gegangen. Mein Mann sprach nicht so viel davon.

Nimmt mit dem Alter die Bedeutung des persönlichen Glaubens zu oder ab?
Der Horizont erweitert sich, und der Wille, sich mit allen zu verstehen, wird auch größer. Ich lese gerade über Tibet, das sind doch tiefgläubige Menschen und nehmen es auf sich, unter sehr schwierigen Bedingungen zu leben.

Denken Sie manchmal an den Tod, das Sterben?
Ja. Wir sehen es um uns herum. Aber ich denke, solange wir leben, müssen wir es intensiv tun und uns für unsere Mitmenschen interessieren. Man muss mitten im Leben stehen bleiben und nicht in die Einsamkeit fliehen.
Das Leben ist sehr, sehr kurz, entsetzlich kurz.

Auch wenn man 101 Jahre alt ist?
Ja. Ich frage mich, wie lange ich noch Zeit habe, und das macht einen dann doch ein bisschen ängstlich. Man sollte immer in so einer Stimmung sein, als lebe man mitten drinnen in der Zeit. Sie trägt einen fort, und man ist immer in der Zeit zu Hause.

Von ihrem Fenster aus blickt Warda Bleser-Bircher durch hohe Bäume hinaus auf den See. „Spektakulär“ sei der Ausblick, und stündlich wechsle er. Ihr Vater habe immer wieder versucht, auf dem steilen, felsigen Gelände des Hauses Eukalyptus heimisch zu machen. Aber vergeblich.

Hat es für Sie eine persönliche Bedeutung, dass Sie 101 Jahre alt sind?
Ich freue mich darüber. Ich hatte sehr liebe Eltern, leider keine Geschwister, aber jetzt bin ich traurig, dass ich mit meinem Vater nicht mehr reisen kann. Er wäre so gerne nach Südamerika gereist, und ich sagte immer, ja, später, später. Es ist schnell später. Und jetzt ist er nicht mehr da. Man sollte so leben, wie es die Leute, die man liebt, freut, und nicht immer nur den persönlichen Genuss suchen. Denn der Genuss kommt plötzlich, wenn man es am wenigsten erwartet.

Auf dem Fensterbrett lagern in einer Zeichenmappe viele Kreidezeichnungen von Warda Bleser-Bircher. Blumenmotive und bunte Farben dominieren. „Ist nicht schlecht“, gilt aus Frau Bleser-Birchers Mund als größtes Lob für sich selbst.

Hat in Ihrer Erziehung Disziplin eine Rolle gespielt?
Ja, in der Schule. Aber ich habe es nicht angenommen. Meine Eltern waren Protestanten, und ich besuchte eine streng katholische Schule. Ich ließ mich immer entschuldigen, wenn die anderen in die Kirche gegangen sind. Allerdings wollte ich auch mit den hübsch zurechtgemachten Kindern mitgehen. Ich empfand das als ungerecht. Das gab schon Stoff zum Nachdenken!

Sie haben keine eigenen Kinder gehabt.
Leider nicht.

Ist das ein Schmerz, der bis ins hohe Alter bleibt? Fehlen einem Kinder da mehr?
Ja, das sage ich mir schon. Schicksal. Aber immer muss man das Beste aus seinem Schicksal machen. Aber was heißt das nun?

Das ist eine gute Frage.
Das heißt auch in anderen Worten, sich nützlich zu fühlen. Nichts ist so schlimm, als sich nicht nützlich zu fühlen, das Gefühl zu haben, wozu? Das sollte man eben nicht haben. Man sollte wie eine Batterie immer geladen sein.

Wenn man 101 Jahre alt ist und nicht mehr so mobil, stellt man sich immer noch die Frage, ob man nützlich ist?
Ja, man stellt sich die Frage. Ja, der und die haben das und das getan, aber was habe ich getan? Und was tue ich jetzt?

Muss man mit 101 Jahren noch nützlich sein?
Das frage ich mich auch manchmal. Diese Nützlichkeitsfrage ist eigentlich eine sehr ernste Frage. Aber vielleicht ist man am nützlichsten, wenn man es am wenigsten weiß. Wenn man einfach nur ist. Man spielt ja oft eine Rolle. Wie ein Schauspieler. Die einen sind sehr schnell mit sich zufrieden und gratulieren sich, wie gut sie in ihrer Rolle waren, und andere sind es nicht. Schwierig, schwierig. Das Problem haben wir alle, wir möchten gerne nützlich sein.
Dann freut es mich wieder, wenn ich einigermaßen meine Malereien machen kann. Ich finde das nicht schlecht *(sie blättert in ihrer Mappe mit den Zeichnungen)*. Ist nicht schlecht, aber, aber!

Hört man da ein bisschen die Protestantin, die nicht so leicht mit sich zufrieden sein darf?
Ja, vielleicht. Dieser Gedanke kommt mir oft. Die Protestanten haben es vielleicht schwieriger, mit sich selbst fertig zu werden.
Man muss geduldig sein, sonst misslingt alles.

Das Gespräch mit Warda Bleser-Bircher wurde am 29. April 2006 in Orselina, Schweiz, geführt.

Ich fahre noch einmal nach Berlin

Renate Brausewetter, Stummfilmstar, geboren 1905

Wir besuchen Renate Brausewetter in Linz am Rhein. Als wir mittags an ihrer Tür im Seniorenheim klopfen und fragen: „Dürfen wir hereinkommen?", schallt uns zuerst ein resolutes „Nein" entgegen. Wir wagen uns trotzdem hinein. Renate Brausewetter sitzt an ihrem Fensterplatz mit Blick auf den Rhein. Wir machen uns bekannt, und langsam beginnt sie zu erzählen. Sie möchte gerne wissen, wie sie in dem Buch vorkommen soll, als 100-Jährige, als Frau oder als Stummfilmstar. In allen Facetten, meinen wir.

An sich bin ich ja bekannter über meinen Namen. Mein Bruder ist der bekannte Schauspieler Hans Brausewetter gewesen. Er wurde zwei Tage vor Ende des Krieges von Bombensplittern verletzt und starb wenig später. Grauenhaft, ganz grauenhaft.

War Ihr Bruder älter?
Sechs Jahre. Er war ein ganz bekannter Schauspieler.

Sie haben lange in Berlin gelebt, sind aber nicht in Berlin geboren?
Ich bin ganz etwas Albernes. Mein Vater war Arzt, und Spanien hatte keine Ärzte und wollte deutsche Ärzte, und da hat er sich gemeldet und ist hingegangen. Später kam er widerrechtlich in Gefangenschaft und wurde von den Franzosen gefangen gehalten. Acht Tage vor dem Gefangenenaustausch ist er gestorben. Ganz merkwürdig, was der liebe Gott manchmal so lenkt.

Sie sind in Malaga geboren?
Ja, weil mein Vater dort Arzt war. Dann kam der Erste Weltkrieg, er wollte sofort weg nach Deutschland und wurde auf diesem Weg widerrechtlich gefangen genommen und fürchterlich gequält. Er war ein Mann von 45 Jahren. Alle seine Sachen wurden nach seinem Tod an meine Mutter geschickt. Er hat in seinen Briefen immer geschrieben: „Meine Schuhe brauche ich dringend", und meine Mutter hat immer gedacht: „Die alten Tennisschuhe, was will er mit denen?" Dann hat mein Bruder gesagt: „Dann ziehe ich sie an", kam aber nicht rein. Er hat die Schuhe auseinander genommen und gesehen, dass sie voll sind mit Papier, auf dem mein Vater sein Tagebuch geschrieben hatte. Er hat das in Gefangenschaft heimlich nachts geschrieben. Wir waren damals bekannt mit der Familie Brüho-Cassierer, und da wurde das Buch dann 1918 veröffentlicht. Max Brausewetter: „J'accuse", besorgen Sie sich das Buch. Es ist eines der wenigen Tagebücher des Ersten Weltkrieges.

Haben Sie noch Erinnerungen an Ihre Kindheit in Malaga?
Meine Haupterinnerung war unser schönes Leben, weil mein Vater ein schönes Haus hatte, er war der bekannteste Arzt in Malaga und der Hausarzt des Königs.

Wann sind Sie mit der Mutter nach Berlin gekommen?
Ich bin immer an der Hand der Mutter gewesen. Wir sind aber zuerst gar nicht rein gekommen nach Deutschland. Meine Großeltern waren Berliner. Im ersten Weltkrieg habe ich viel erlebt. Ich musste vor und nach dem Essen auf dem Boden liegen, vom Arzt verordnet, damit ich überhaupt etwas behalte. Ich habe nur 70 Pfund gewogen, ein zehnjähriges Kind. Wir haben so gehungert. Wir haben für fünf Personen drei Stück Brot gehabt. Man kann es sich nicht vorstellen. Eine Frau wie meine Mutter ohne Mann und drei Kinder zu ernähren und kein Konto, kein Geld, kein Nichts. Nur die Armenküchen, wo man einen Teller Suppe bekommen hat. Dass wir nicht gestorben sind, ist ein Wunder.
Mein Großvater Rudolf Siemering war Bildhauer, der hat viele Sachen gemacht in Königsberg, das Fries bei der Siegessäule in Berlin. Wir sind eine ganz berühmte Familie.
Mein Bruder Hans sollte in Stralsund bei einem Onkel wohnen und aufs Gymnasium gehen, und das ist gelungen. Wir hatten ja keinen Pfennig Geld.
Die Leute sind wirklich zu Tausenden verhungert. Und das Schreckliche ist, wenn eine Mutter sieht, wie ihre Kinder verhungern. Das sind furchtbare Erinnerungen.
Meine Schwester, die ein Jahr älter war, ist mit 16 Jahren ins Büro gegangen und hat verdient, und ich blieb bei der Mutter. Ich hatte einen rührenden Direktor, der alle Wege fand, dass ich

kein Schulgeld zahlen musste. Und da habe ich wenigstens die mittlere Reife geschafft. Nachher hat sich diese Hilfe für eine arme Familie ausgezahlt, denn Hans wurde berühmt. Dadurch, dass Hans Geld verdiente, konnten wir zu dritt eine kleine Zweizimmerwohnung nehmen. Wir lebten jahrelang zusammen. Er hat immer mehr verdient, ein Haus gebaut, und er hat Mutter, die er heiß liebte, ein schönes Leben gemacht. Er war am Deutschen Theater in Berlin über 20 Jahre engagiert. Eine junge Begabung.

Ich habe gelesen, Ihr Bruder spielte immer die Rollen des jugendlichen Liebhabers, der schlussendlich aber kein Glück bei den Frauen hatte.
Immer. Er war ein so beliebter Schauspieler und Mensch. Wenn er auf der Straße ging, rief jeder ihm nach: „Hänschen, wie geht es heute?“ oder „Willst du bei mir ein Stück Brot essen?“ Wir waren ein Stück Berlin.

Wie ist er Schauspieler geworden?
Die Familie war immer schon im Theaterleben. Hans wurde dann „der“ Schauspieler von Berlin und fast von ganz Deutschland. Er ist ja heute noch überall bekannt. Er hatte keine Familie, er kam gar nicht dazu. Und er war ein rührender Sohn. Die Schauspieler der damaligen Zeit waren eine große Familie und deren Mittelpunkt war Hans. Dann kam der Film, zuerst der Stummfilm, und dann hat er noch den Tonfilm gemacht.

Und wie sind Sie zur Schauspielerei gekommen?
Durch eine Statistenrolle. Da war ich ungefähr 12 Jahre alt. Ich bin eingesprungen. Da habe ich dann gesagt, warum soll ich das nicht als Beruf machen? Eine befreundete Schauspielerin, Ilka Grüning, machte meine Ausbildung. Ich habe aber nicht auf der Bühne gestanden, ich habe gefilmt.

Hat die Bühne Sie nicht interessiert?
Doch, aber ich kam dann durch Zufall an Gerhard Lamprecht, einen der tollsten Regisseure, und der hatte einen Narren an mir gefressen, wir mochten uns sehr gerne, und ich habe dann sechs Filme bei ihm gemacht. Aber stumm, der Tonfilm kam als letztes.

Im ersten Film, in dem Sie gespielt haben, hatte Greta Garbo die Hauptrolle.
Ja, wie hieß er denn? „Die freudlose Gasse“, ja. Das war ein sehr guter Film. Und dann hat Lamprecht mich sehr gefördert. Ich hatte große Rollen, „Die Hanseaten“ zum Beispiel.

Das war ein Film, der 1925 entstanden ist.
Ja. Und ich habe dann nur bei Lamprecht gearbeitet und darin meinen Beruf erkannt. Berühmt wurde „Geheimnisse einer Seele“, das war der erste Psycho-Film.

Können Sie sich noch an die Handlung des Films erinnern?
Hm. Kalk. Ich bin ja jetzt 100 geworden. Also, in den „Geheimnissen einer Seele“ geht es immer um menschliche Beziehungen und eigentlich immer um Männer-, Familiengeschichten. Sie müssen ins Archiv gucken, da liegen meine sämtlichen Filme. Das Bild von mir und meinem Filmpartner klebte in Berlin überall.

Welcher Typ waren Sie als Schauspielerin?
Das brave Mädchen. Das preußische Mädchen. Und immer mit blonden Haaren.

Haben Sie die Kamera geliebt?
Aber ja. Ich habe mein Leben ganz umgestellt auf den Film. Und habe damit große Erfolge gehabt.

Sie haben von 1925 bis 1927 viele Filme gemacht. Erinnern Sie sich noch an „Die Loreley“ oder die „Hölle der Jungfrauen“?
Nein, aber ich habe immer das brave Bürger-

mädchen gespielt. Lamprecht wollte mich nicht in scheußlichen Rollen haben. Ich war ja noch sehr jung.

Warum war 1927 Schluss mit Filmen?
Da kam der Tonfilm. Und Lamprecht hat ja keine Tonfilme gemacht, ich glaube nicht. Damit war es aus für ihn und für mich. Und dann kam das Theaterspielen, und das war an kleinen Theatern in Berlin, nicht bei Max Reinhard, Hans war bei Reinhard. Hans war eine Giftnudel, er sagte immer: Du sollst nicht mein Protegé sein, du musst dich durch deine eigene Begabung durchsetzen. Dann habe ich 1928 geheiratet und Kinder bekommen.

Dann waren Sie Mutter Ihrer drei Kinder und Hausfrau.
Ja. Die ersten zwei sind nur ein Jahr auseinander.

Sie haben immer in Berlin gelebt?
Wir sind immer mit meinem Mann mitgegangen.

Was war Ihr Mann von Beruf?
Bei Gelegenheit sage ich es Ihnen ... Ein bürgerlicher Beruf.

Sie waren nicht lange genug mit ihm verheiratet?
Ja, jedenfalls, er hat mein Leben nicht bestimmt, sagen wir so.

Wir werden unterbrochen durch Renate Herzog, die Tochter von Frau Brausewetter. Sie kredenzt uns Kuchen und Kaffee und erzählt, dass ihre Mutter 1973 von Berlin nach Linz am Rhein übersiedelte. Sie brauchte nach einer schweren Krankheit die Betreuung ihrer Kinder, die alle in dieser Region leben. Im Altersheim wohnt Renate Brausewetter seit drei Jahren.

Wie gefällt es Ihnen hier?
Ja, es hat alles, was ich brauche, aber ich bin nicht frei, weil ich abhängig bin vom Haus.

Wie verbringen Sie Ihren Tag?
Natürlich damit, dass ich mir immer vorsage, du bist 100. Allein spazieren gehen soll ich nicht mehr. Ich kann gut laufen, aber nicht mehr gut sehen. Meine Tochter ist eine gute Pflegerin, eine strenge.

Immer wieder entspinnt sich zwischen Mutter und Tochter eine Neckerei. Die resolute Tochter korrigiert ihre Mutter gelegentlich bei ihren Aussagen, die Mutter übernimmt dafür schauspielernd die Rolle der ungezogenen Tochter. Ihre Tochter erzählt auch, dass Renate Brausewetter in ihrer Berliner Wohnung vierzig Vögel hielt, in einem eigenen Zimmer.

Ich habe viele Tiere gehabt, auch eine Schildkröte. In meiner Kindheit hatte ich auch eine Schlange, aber die ist weggelaufen. Piepmätze hatte ich dann erst in Berlin. Schmetterlingsfinken, Zebrafinken und noch eine dritte Sorte. Die kleinen bunten Vögel.

Haben Sie mit den Vögeln gesprochen?
Natürlich.

Wie ist das Leben mit 100, Frau Brausewetter?
Ich habe in den Spiegel geguckt und gesagt: „Schön dusselig." Was hat man mit 100 mehr als mit 90? Das ist doch doof.

Sind Sie nicht stolz darauf?
Nee.

Ihre Tochter dementiert heftig. Ihre Mutter erzähle auf der Straße allen von ihrem hohen Alter.

Aber das ist ja für sie, dann können sie zu Hause sagen, sie haben eine 100-Jährige auf der Straße getroffen.

Sie haben ja sogar ungesund gelebt, Sie haben viel geraucht.
Ja, aber das ist schon eine Weile her.

Wieviele Zigaretten haben Sie geraucht?
18 am Tag. Und dann habe ich eines Tages eine Zigarette genommen, sie hat mir nicht geschmeckt. Da habe ich sie hingelegt und nie wieder geraucht.

Frau Brausewetters Tochter hat die Welt des Theaters weniger geschätzt, die für ihre Mutter zeitlebens von großer Bedeutung war. Vor allem die Kontakte zu Künstlern waren immer intensiv. Zahlreiche Schauspieler lebten bei Renate Brausewetter zur Untermiete.

Sie haben einmal in einer Gärtnerei gearbeitet?
Ja, bei einem ganz berühmten Gärtner, bei Karl Foerster. Er war für mich der Gott der Gärtner. Ich bin ihm immer nachgerannt, um jedes Wort von ihm zu hören. Er hätte mich behalten wollen, wenn ich nicht wegen der Schauspielerei weggegangen wäre. Ich war ungefähr zwei Jahre dort und habe nachher noch mit ihm Kontakt gehabt.

Haben Sie selbst einmal einen Garten gehabt?
Ja, als mein Bruder ein Haus mit Garten gehabt hat. Später dann nicht mehr. Damals habe ich auch bei einem Gärtner gearbeitet, um etwas Geld zu bekommen.

Sie hatten nach der Scheidung und dem 2. Weltkrieg auch noch einmal eine schwierige Zeit mit den Kindern.
Das war weiß Gott schwierig, keinen Pfennig Geld und die drei Kinder.

Wie haben Sie das geschafft?
Das weiß ich nicht. Wir haben es gemeinsam geschafft.

Es sei daheim immer Schmalhans Küchenmeister gewesen, erzählt Renate Herzog. Ihre Mutter sei keine gute Wirtschafterin gewesen.

Haben Sie nach der Scheidung keinen Mann mehr gewollt?
Ich habe keinen mehr gesucht und keinen mehr gewollt. Was sollte ich damit?

Sie waren doch eine sehr attraktive Frau.
Aber ich habe nicht damit gearbeitet.

Zu ihrem 100. Geburtstag wurden viele Gäste eingeladen, auch viele jüngere Freunde. Renate Brausewetter hatte das Talent, Menschen für sich einzunehmen.

Welche Freunde hatten Sie denn gerne?
Wer war denn das? Ich habe open house gehabt, und da kamen sie und gingen.

Warum sind die Leute gerne gekommen?
Weil immer was los war und weil ich bei jedem zugehört habe und jedem das Gefühl geben wollte, dass er dazu gehört. Jeder, der kam, war wichtig und wurde ernst genommen.

Renate Herzog erinnert ihre Mutter an ihre Freundin Lu.

Lu war mein bestes Stück. Wir waren Nachbarinnen, da haben wir uns kennen und lieben gelernt, und das blieb so, bis sie vor drei Jahren starb. Das war noch im Krieg, wir haben unsere Kinder gegenseitig geschützt, und unsere Familien haben zusammengehört. Sie konnte zu mir kommen und ich zu ihr, auch die Kinder gingen zueinander. Wir haben einander geholfen.

Sie und Lu haben Ihre Familien zusammengelegt?
Ja, das hat sich so ergeben. Sie war ein anderer Typ als ich. Ich war vielleicht viel lockerer, aber die Freundschaft hat bis zuletzt gehalten.

War Lu auch eine Seelenfreundin?
Auch, ja. Freundschaften werden nicht ausgesucht, sie ergeben sich.

Als Lu gestorben ist, war ich ganz unglücklich. Sie war meine zweite Seele.

Worüber haben Sie sich mit ihr gerne ausgetauscht?
Das, was anfällt. Dass man nun ein Thema hat und das durchzieht? Kann doch sein, dass jemand stirbt, und dann erzählt man sich von diesem Menschen. Aber wir haben uns beide für Kunst und Religion interessiert, für Philosophie.

Sie sind auch viel ins Theater gegangen?
Eine Zeitlang jeden Abend, als mein Bruder dort war, musste ich ja keine Karten zahlen. Später war ich auch noch oft, wenn ich Karten bekommen habe, meistens von meinen Untermietern, die Schauspieler waren. Theater ist für mich wie ein bestimmtes Geschäft, in das ich immer gehe.

Was bekommen Sie in diesem Geschäft?
Alles, was Kunst ist.

Das Theater ist eine große Geschichtenmaschine.
Ja, das ist es. Das Theater war immer gegenwärtig bei uns.

War für Sie eher der Inhalt wichtig oder wie das Stück gemacht ist?
Theater ist wie ein Buch zu lesen. Ich gehe ins Theater, weil ich ein Stück sehen will oder einen Schauspieler. Ich bin eher wegen der Schauspieler gegangen.

Stimmt es, dass die Theaterleute leichtlebig sind?
Die sind genauso wie die anderen, aber man bekommt es bei ihnen eher mit, wie sie sind. Schauspieler werden immer als konstruierte Typen dargestellt, aber sie sind einfache Menschen. Ein Schauspieler geht nach Hause und trinkt sein Bier genau so wie Lieschen Müllers Mann.

Was hat es für Sie bedeutet, dass Ihr Bruder berühmt war und Sie selbst auch?
Ich? Berühmt war ich nicht, nur bekannt. Aber was hat das für einen Sinn? Das ist doch egal. Ob Sie Schuster sind oder Schauspieler, das ist einfach ein Beruf. Sie müssen genauso viel einsetzen wie alle anderen.

Aber über den Schuster Müller redet keiner mehr, über den Stummfilmstar Brausewetter schon noch.
Ja, weil halt auch Plakate gedruckt sind. Ich weiß nicht, es wird sehr oft überbewertet.

In schwierigen Situationen habe es ihrer Mutter schon geholfen, einen Namen zu haben, erzählt ihre Tochter. Zum Ende des Krieges konnten zum Beispiel sie und ihr Bruder vor den anrückenden Russen in Sicherheit gebracht werden aufgrund des Namens bzw. der Beziehungen der Mutter.

Waren Sie in Ihrem Leben eher ein nach vorn oder ein rückwärts gerichteter Mensch?
Ich habe sehr viel Vergangenheit mitgenommen. Das Werdende oder das Entstehende hat mich oft zu sehr angestrengt oder nicht interessiert.

Interessiert Sie noch, was in der Welt vorgeht?
Natürlich, es betrifft mein Leben genauso. Aber ich kann es nicht so nutzen, wie ich will, sondern ich muss mich fügen in vielen Sachen.

Was geht Ihnen von dem, was heute in der Welt passiert, durch den Kopf?
Das ist schwierig, weil ich möchte überall reinhauen. Fast überall. Mitmachen, das kann man nicht, weil man nicht dazu gehört. Man kann es beobachten, aber nicht machen.

Sie hat immer rebelliert, und solange sie noch protestiert, ist sie noch gesund, sagt ihre Tochter.

Woran denken Sie, wenn Sie allein sind?
Ganz verschieden. Ich sitze und denke mir Märchen aus und erzähle sie mir. Oder ich begucke mir das, was geschieht, wie weit das

zu ändern ist oder nicht. Der Kopf hat immer zu tun.

Sie waren immer ein kritischer Geist?
Ich glaube, ja. Eine Giftnudel kann ich sein. Ich mag manche Sachen nicht, und dazu gehört, dass man nicht nach Schnauze lebt, dass man sich konstruiert gibt. Ich habe gerne junge und werdende Menschen um mich, so konstruierte, feste, die sollen ihren Mist alleine machen. Die sind mir zu langweilig. Ich habe so gerne gelesen, aber jetzt kann ich nicht mehr. Ich hatte fünftausend Bücher, eine ganze Wand voll. Jetzt sind alle in Kisten.

Ihre Mutter habe sich auch einen Koran gekauft, die Mao-Bibel und alles, was in der Welt diskutiert wurde und wird.

Ich habe manche Bücher, die ich immer wieder lese. Der Koran ist schön. Die Religion hat mich immer interessiert. Es interessiert mich plötzlich auch sprachlich, so dass ich einen Text nehme und ihn mir übersetze in Englisch und Französisch, mal sehen, wie das aussieht. Lesen ist meine erste Leidenschaft, ganz entschieden.

Renate Herzog kannte ihre Mutter immer mit dem Buch in der Hand. Auch wenn sich der Abwasch türmte, stand sie mitten drinnen und las.

Das stimmt an sich. Ich lese und ich habe bestimmte Leute, die ich gar nicht lese.

Ihre Tochter korrigiert sie und meint, sie müsse beim Lesen von der Vergangenheit reden. Sie könne es nicht mehr.

Ist es für Sie mühsam, ein hohes Alter zu haben?
Gar nicht, das habe ich gar nicht mitgekriegt. Die Augen machen nicht mehr mit, aber der Kopf schon noch. Vorlesen verstehe ich.

Denken Sie manchmal auch an den Tod und das Sterben?
Nur. Heute früh habe ich mir wieder den Kopf zerbrochen. Es ist auch schwierig. Was hat man damit zu tun? Heute Nacht habe ich gedacht, das ist der Anfang vom Ende, weil ich Schmerzen bekam. Und dann bin ich dem Tod doch wieder von der Schippe gesprungen.

Haben Sie denn Angst vor dem Sterben?
Nee. Ich find's nur dumm, dann ist man weg. Ich hätte noch manches, ich hätte noch Betrachtungen, Umweltbetrachtungen, was aus dem wird und was aus dem.

„Du möchtest gerne noch einmal nach Berlin fahren", wirft ihre Tochter ein.

Ich fahre auch noch nach Berlin. Warum darf ich nicht? Ich gehöre nach Berlin, meine Leute sind in Berlin. Ein paar sind noch da. Das Rheinland hat mich noch nie interessiert. Der Rhein ist doch ein dusseliger Tümpel.

Was möchten Sie in Berlin tun?
Mich ans Fenster setzen und grübeln, nachdenken. Ich würde zu Fuß nach Berlin gehen, wenn man mir sagte, ich soll.

Wo würden Sie gerne begraben werden?
Das steht fest, auf dem Englischen Friedhof in Malaga. Das haben wir schon alles geregelt. Ich brauche nur zu sterben, und die Asche, die Tüte, kommt da neben meine Brüder.

Warum möchten Sie unbedingt zu Ihren Brüdern?
Ach, wenn man tot ist, ist man, glaube ich, für Gemeinschaft zu haben. So alleine da rumgurken? Ich glaube nicht an Wiederauferstehung, aber ich glaube doch, dass ich irgendwo hinkomme, wo die anderen sind. Und wir haben ja Platz da.

Sie haben viel Lebenserfahrung. Wenn Sie jüngeren Menschen sagen sollten, worauf es ankommt im Leben?
Freunde. Ja, hauptsächlich, Zuhörer. Die einem helfen.

Was ist Ihre Erfahrung, worauf kommt es in einer Freundschaft an?
Das Dasein des anderen. Und das Zuhören. Zuhören ist wichtig.

Das Gespräch mit Renate Brausewetter wurde am 25. Februar 2006 in Linz am Rhein, Deutschland, geführt.

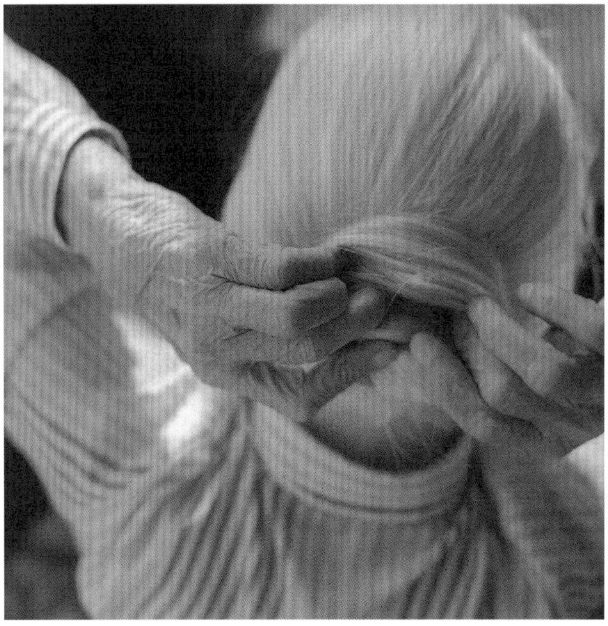

Ich habe verziehen

Leopold Engleitner, Zeuge Jehovas, ehemaliger KZ-Häftling, Zeitzeuge, geboren 1905

Leopold Engleitner lebt in St. Wolfgang im Salzkammergut, aber gelegentlich verbringt er auch einige Wochen bei Bernhard Rammerstorfer in Herzogsdorf im Mühlviertel. Sein Biograf umsorgt den 100-jährigen Leopold Engleitner und reist mit ihm auch zu Vorträgen und Veranstaltungen. Sogar einen Dokumentarfilm über die Erlebnisse Leopold Engleitners, von der Monarchie bis zum Zweiten Weltkrieg, hat er produziert. Leopold Engleitner musste mehrere Jahre in einem Konzentrationslager verbringen. Der Grund: Er ist Zeuge Jehovas, ein „Bibelforscher", wie man zu Zeiten der Nationalsozialisten sagte.
Als ich am frühen Nachmittag die Stube betrete, schläft Herr Engleitner noch auf dem Sofa. Er wird rasch wach und hievt sich mit unglaublicher Wendigkeit in den Rollstuhl, der neben dem Sofa steht. Die gewellten weißen Haare werden mit einigen Handgriffen in Ordnung gebracht, der Hörapparat befestigt. Leopold Engleitner rollt zum Besuchertisch her, die blauen Augen blicken neugierig.

Sie haben in Bernhard Rammerstorfer fast einen Sohn gefunden?
Ja, ja. Den habe ich in Ischl im Kurpark kennen gelernt. Ich habe mich in den Kurpark gesetzt, um mit Menschen sprechen zu können, ich konnte nicht mehr wie früher von Haus zu Haus gehen. Ich bin schon 18 Jahre mit zwei Krücken herum gegangen. Im Kurpark habe ich viele Menschen getroffen. Wir sprechen ja mit den Menschen über die Zukunft. Die meisten gehen immer vorbei. Er war derjenige, ein junger Mann, der sich zu mir hersetzt und mir zuhört. Ich habe fragen wollen, aber er hat mich gefragt um meine KZ-Erlebnisse. Er hat immer wieder gefragt, und ich habe ihm wieder Auskunft gegeben. Das hat mir getaugt, dass mir ein junger Mensch zuhorcht.

Ihre Wirbelsäulenverkrümmung haben Sie schon von Geburt an?
Ja, schon von Geburt an. Niemand hat das wahrnehmen wollen. Auch meine Eltern haben immer gesagt, halte dich gerade. Ich habe mich aufgerichtet, aber im nächsten Moment bin ich schon wieder zusammengesunken. Das war schmerzhaft. Niemand hat das verstanden. Der Lehrer in Pfandl, wo ich in die Schule gegangen bin, war sehr militärisch eingestellt. Der konnte das nicht kapieren. Ich durfte nicht turnen, das hat mir sehr viel Spott eingetragen von der anderen Jugend. Das war in der Monarchiezeit. Da war man nur bestrebt, stramme Soldaten heranzuziehen. Die Aussicht auf einen strammen Soldaten habe ich nicht gegeben, und außerdem war ich nicht besonders militärisch eingestellt, mein Vater auch nicht. Meine Tante hat mir einmal eine Schachtel mit Spielzeug-Soldaten hergestellt, das hat mein Vater nicht sehen dürfen. Aber besonders gefreut hat mich das eh nicht. Alle waren damals so militärisch eingestellt. Für Frauen war ein Soldat etwas ganz Besonderes, nicht wahr. Nicht für junge Mädchen, weil es für die sehr gefährlich war. Die Soldaten haben mit den Mädchen gespielt, sie hatten keine Heiratsabsichten. Aber die alten Frauen waren ganz begeistert von Soldaten.

Was hat Ihnen und Ihrem Vater am Militär nicht gefallen?
Mein Vater war sehr belesen und immer der Zeit voraus. In der Schule waren alle für das Militär eingestellt. Dementsprechend waren die Geschichten und die Bilder. Alles war auf Welteroberung aus. Ich habe immer überlegt, wie so ein Schlachtfeld aussehen wird. Menschen werden von ihrer Heimat weg müssen, alles wird verwüstet. Dabei war es damals noch lange nicht so arg, weil die Kriegsausrüstung noch nicht so weit war. Ich habe das für unnütz gehalten. Warum sollen die Menschen in Kriege verwickelt werden? Wenn jeder zu Hause bleibt, dann bleiben diese Leiden aus. Das habe ich mir damals schon gesagt.

War Ihr Vater im Krieg?
Er war ein gesunder Mann, gut ausgerüstet, aber er hat alles getan, damit er nicht zum Militärdienst eingezogen wird. Er hat mir selbst erzählt, dass er monatelang morgens starken Bohnenkaffee getrunken hat und sich die Strümpfe fest geschnürt hat. Als er vorgeführt wurde, sagte der Kapitän: „Der hat ja Krampfadern, und einen schweren Herzfehler hat er auch noch. Nein, dann können wir ihn nicht brauchen."

Welche Erinnerungen haben Sie an Ihre Kindheit?
Es war schwierig. Mein Vater war Sägearbeiter, das war nicht besonders gut bezahlt. Am Morgen hat es Kaffee gegeben und ein dünnes Stück Brot. Die Mutter konnte uns nicht mehr geben, obwohl wir Hunger hatten. Sie musste mit einem Kilo Brot eine ganze Woche auskommen. Dabei hat sie abends noch Suppe kochen müssen mit dem Brot. Mein Vater war außerdem noch Kreisleiter für die Gewerkschaft der Bau- und Holzarbeiter. Er hatte kein Auto. Er musste überallhin mit dem

Zug fahren, das hat auch viel Geld gekostet. Es musste sehr gespart werden.

Hat Ihr Vater mit den Sozialisten sympathisiert?
Ja, er ist sehr liberal eingestellt gewesen. Obwohl er katholisch war.

Sind Sie katholisch erzogen worden?
Ja, meine Mutter war streng katholisch. Sie war eine Bauerntochter von einem großen Anwesen. Mein Großvater war noch Bürgermeister in Strobl, der ist vom Kaiser dann jedes Jahr zur Hofjagd eingeladen worden.

Sind Sie so richtig hineingewachsen ins Katholische?
Dadurch, dass meine Mutter streng katholisch war, schon, aber weil mein Vater sehr liberal war, wurde ich schon ziemlich hin und her geschaukelt. Ich war religiös von meiner Jugend an, aber in das katholische Gemeinwesen konnte ich mich nicht so richtig hineinfügen. Durch den Unterschied der Meinungen war die Ehe meiner Eltern nicht besonders günstig. Meine Mutter war extrem katholisch.

Wie hat sich das geäußert?
Zum Beispiel mussten mein Bruder und ich uns jeden Tag vor ein Bild, ich weiß nicht mehr, war es ein Marienbild oder ein Jesusbild, knien und beten. Ich war schon etwas orientiert über den Bilderkult, und dann haben wir im Religionsunterricht außerdem einmal das zweite Gebot gelernt, du sollst dir kein geschnitztes Bild von deinem Gott machen. Das habe ich buchstäblich so aufgefasst. Am nächsten Tag, als mich meine Mutter wieder aufforderte, das Bild anzubeten, habe ich Widerstand gezeigt. Natürlich war der Widerstand vergeblich. Ich habe einige tüchtige Ohrfeigen geerntet. Aber gerade diese Ohrfeigen haben das noch schlechter gemacht. Das habe ich ihr nie verziehen. Ich war fest überzeugt, dass es unfair ist, den Menschen zur Anbetung zu zwingen.

Sehr viel Wärme haben Sie als Kind nicht von der Mutter bekommen?
Nein, daheim nicht. Mein Vater war diesbezüglich besser. Wenn wir Holz gearbeitet haben, war mein Vater sehr nachsichtig. Er hat gesagt: „Lass dir Zeit, wir brauchen uns nicht zu beeilen." Im Gegensatz zu meiner Mutter, wo alles schnell gehen musste. Deswegen hat es viel Streit gegeben. Meine Mutter hat uns immer als faul bezeichnet.

War es für die Mutter ein sozialer Abstieg, dass sie von einem größeren Bauern stammte und dann einen Arbeiter geheiratet hat?
Sie hat ein Kind gehabt von einem Jäger, den sie als Sennerin kennen gelernt hat. Das war damals sehr schlecht, sie hatte keine Aussichten mehr auf einen Bauern. Sie musste froh sein, einen Arbeiter zu bekommen.

In seiner Biografie beschreibt Leopold Engleitner, wie er sich als junger Mann ein eigenes kleines Haus gebaut hat. Er war Hilfsarbeiter und verdiente in den 1920er Jahren sehr wenig. Er bekam ein Stück schlechtes Bauland, das er mit einem kleinen Zwei-Zimmer-Haus bebaute.

Was haben Sie sich als junger Mensch für Ihr Leben vorgestellt?
Als ich 13 war, da war gerade Nachkriegszeit, gab es sehr wenig zu essen. Wir haben arg gehungert. Da bin ich von Haus zu Haus gegangen in St. Wolfgang und habe bei den Bauern gefragt, ob sie nicht einen Dienstboten brauchen können. Ich war sehr heruntergekommen. Sie sagten: „Was sollen wir mit dir machen? Du kannst ja nicht einmal arbeiten." Nur ein Gebirgsbauer in St. Wolfgang hat gesagt: „Bleibst du halt da, deinetwegen werden wir auch nicht verhungern." Dort war ich zwei Jahre. Sie hatten drei Kinder, als die erwachsen waren, haben sie mich nicht mehr gebraucht. Es waren noch Zustände wie im Mittelalter. Die Betten waren

furchtbar, kein elektrisches Licht, wir mussten uns in einem Holzkübel waschen. Beim zweiten Bauern war es schon besser, da gab es elektrisches Licht, fließendes Wasser und so weiter. Da habe ich auch einen Lohn bekommen, beim ersten nicht.

Sie haben einfach schauen müssen, wie Sie überleben.
Ja, es ging nur ums Überleben.

Hat man trotzdem Träume im Kopf, auch wenn man nur mit dem Überleben beschäftigt ist?
Ja, ich habe sehr viele Zukunftsträume gehabt. Ich habe mir vorgestellt, dass sich meine Lage doch verbessern würde und ich einmal ein Haus bekommen würde, und das habe ich auch erreicht. Unter schwierigen Verhältnissen, denn plötzlich bin ich arbeitslos geworden, und die Träume von einem Haus waren alle weg. Ich konnte nur mehr eine ganz notdürftige Wohnung mit zwei Räumen herstellen, dann bin ich von der Gestapo verhaftet worden. Aber meine Zukunftsträume haben nicht aufgehört. Ich war fest überzeugt, dass sich der Nationalsozialismus wieder ändern wird, und ich habe mich auch nicht getäuscht.

Leopold Engleitner wurde bereits 1939 von den Nationalsozialisten verhaftet. Bis 1943 wurde er in den Konzentrationslagern Buchenwald, Niederhagen und Ravensbrück festgehalten. Von den unglaublichen Schikanen und Grausamkeiten, Gewalt, Mord und Misshandlung erzählt Leopold Engleitner in seiner Biografie: „Nein statt Ja und Amen - Leopold Engleitner: 100 Jahre ungebrochener Wille“. Als Zeuge Jehovas ließ er sich nie überreden, seinem Glauben abzuschwören, um im Gegenzug aus dem KZ entlassen zu werden. 1943 wurde er aus dem KZ Ravensbrück mit der Auflage entlassen, für den Rest seines Lebens als Landarbeiter tätig zu sein. Dennoch wurde er gegen Ende des Krieges trotz früher attestierter Wehruntauglichkeit einberufen.

Am 17. April 1945, ich war gerade mit der Bäuerin draußen, wir haben Streu gesammelt für das Vieh, kommt abends noch der Briefträger. Sage ich: „Was ist denn los?“ Sagt er: „Deine Einberufung ist da.“ Ich sage: „Das unterschreibe ich nicht. Die kannst du zurück tragen.“ Er sagt: „Das wäre Unsinn, das ist eine direkte Einberufung, da gibt es keinen Widerspruch. Wenn du das nicht unterschreibst, besucht dich in einigen Stunden die SS, und du bist weg.“ Da sage ich: „Gib her, dann unterschreibe ich.“ Er hat mir schon nahe gelegt, dass ich verschwinden muss. Ich habe der Bäuerin von der Einberufung erzählt, sie hat zu weinen begonnen, ich habe gesagt: „Es dauert ohnehin nicht mehr lange, das kann nur noch einige Wochen sein. Ich komme sofort zurück.“

Wo war die Front damals?
In Frankreich war schon die Invasion, und da hat der Bauer noch den Fuß verloren. Die Ostfront war schon in der Tschechei, in Ungarn. Als ich während meiner Flucht auf der Alm war, habe ich immer schießen gehört, so nahe waren sie schon.

Wie ist Ihre Flucht vor der Einberufung verlaufen?
Mein Onkel hat mir gesagt: „Nimm nur keinen festen Wohnsitz als Versteck, denn du wirst überall belauert.“ So bin ich immer im Wald herum gewandert. Abends habe ich mir eine dichte Fichte gesucht, habe mir Äste heruntergerissen und ein Nest gemacht, damit ich weicher liege. Dann habe ich höchstens eine Stunde geschlafen und bin wieder wach gewesen. Dann hat es zu regnen begonnen und oben zu schneien. Ich war schon ganz durchnässt. Es blieb mir nichts anderes übrig, obwohl es mir die Bäuerin verboten hat, ihre Almhütte auf der Meisterebenalm zu benützen. Ich habe dort Feuer gemacht, mich gewärmt und getrocknet. Da war ein Ofen, ungefähr in der Größe eines Tisches, sehr niedrig. Ich habe mich auf den Herd gelegt, da war ein Holz-

brett drauf, damit man liegen konnte. Ich bin sofort eingeschlafen. Plötzlich wurde ich wach und habe lichterloh gebrannt. Ich bin aufgesprungen. Zum Glück war der Boden der Hütte auf einer Seite mit Schnee bedeckt. Da konnte ich mich abdämpfen. Der Rock, das Hemd und die Hosen waren verbrannt. Jetzt stehe ich da in der Nacht, habe keine Bekleidung. Also habe ich mir die verkohlten Fetzen zusammengehängt und bin nach Hause zum Bauern. Die Bäuerin weigerte sich: „Bei mir kannst du nicht bleiben." Die Nachbarn haben die Milch immer geholt, und wir hatten zwei Ausländerinnen, eine Russin und eine Polin, denen hat sie nicht vertraut. Dann bin ich nach Hause gegangen, aber meine Eltern wollten mich auch nicht behalten. Ich habe gesagt: „Ich muss hier bleiben. Es wird hell, jeder kann mich schon sehen." Sie haben ein paar Ziegen gefüttert und haben auch Heu gehabt. Ich habe mich auf den Heuboden gelegt. Meine Mutter hat mir Essen hinauf gereicht und ein größeres Handtuch, damit ich mir die Wunden einigermaßen kühlen konnte. Zu einem Arzt konnte ich nicht gehen, weil ich flüchtig war. Nach zwei Tagen musste ich wieder gehen. Meine Eltern haben mich gebeten, ich soll wieder Reißaus nehmen, weil jeden Tag eine Nachbarin gekommen ist, die national eingestellt war und die immer so herum gefragt hat, dass sie gehört hat, dass ich einrücken musste und dass sie sich auch ihre Gedanken macht, ob ich wirklich eingerückt bin. Mein Vater hat zu ihr gesagt: „Er ist ganz sicher eingerückt, der musste einrücken, wohin sollte er denn?" Ich bin am Heuboden gelegen, und die Nachbarin ist wieder gekommen und hat wieder gefragt. Wenn die eine Ahnung gehabt hätte, wie nahe ich war!
Ich habe gesehen, ich muss weg. Der Onkel des Unterbergerbauern hatte mir eine Höhle verraten, wo mich niemand finden würde. Da musste ich eine Wand hinauf klettern, und in der Höhle habe ich mir ein Bett zurechtgemacht, stehen konnte ich nicht. Aber dann hat die Schneeschmelze eingesetzt, es hat zu tröpfeln begonnen. Es ist wärmer geworden, die ganze Höhle hat getropft. Ich war nach drei Tagen wieder so nass wie vorher, also musste ich wieder zu der Almhütte, die nicht weit weg war. Von der Almhütte habe ich hinausgesehen auf den Attersee, und die Flugzeuge sind schon sehr niedrig geflogen. Da hat es schon schwere Detonationen gegeben, bei denen sich große Rauchpilze gebildet haben.
Also habe ich mir gedacht, es wird aus sein. Schließlich habe ich mich entschlossen, zu meinem Bauern zu schauen, vielleicht ist der Krieg doch schon vorbei. Das war am 5. Mai. Also bin ich zum Bauern hin. Es war schon finster. Durch den Vorhang sah ich in der Stube Soldaten sitzen, also konnte ich nicht hinein. Der Onkel hat im Nebenhaus gewohnt, dort konnte ich hineingehen. Er hat mir gesagt, die in der Stube sind auch lauter solche, die vor der Front davongelaufen sind. Die haben Zivilkleidung gesucht. Die hatten es noch schwerer als ich. Ich bin bei dem Bauern dann noch einige Jahre geblieben. Ich hätte sofort zur Straßenverwaltung kommen können, wo ich dann auch später war. Ich habe im April 1946 beim Arbeitsamt gefragt, ob ich diese Arbeit bekommen kann. Der Mann vom Arbeitsamt hat aber gesagt, das geht überhaupt nicht, weil ich mich für das ganze Leben in der Landwirtschaft verpflichtet hätte und das bliebe aufrecht. Mein Vater hat anders gedacht und hat bei der Militärbehörde gefragt. Eine Woche später ist dann der Mann vom Arbeitsamt selbst gekommen und hat gesagt: „Sie können arbeiten, wo Sie wollen." Also konnte ich frei entscheiden.

Lange hörte Leopold Engleitner auch in seinem engsten Umfeld niemand zu, wenn er von seinen Erlebnissen während des Krieges erzählte. Erst seit der Bekanntschaft mit Bernhard Rammerstorfer reist er als Zeitzeuge sogar bis nach Amerika und referiert an bekannten Universitäten wie der Stanford oder der Columbia Universität. Besonders gerne erzählt er jungen Menschen von früher.

Jetzt ist für Sie noch einmal eine schöne Zeit, weil Sie aus Ihrem Leben erzählen können.
Gut, dass ich noch einigermaßen geistig beisammen bin, sodass ich das noch machen kann. Man muss ein Mitgefühl haben mit der Jugend. Junge Leute reagieren sehr auf die Zukunft. Ich bin fest überzeugt, dass die Zukunft sehr gut ist. Was sich in den 100 Jahren, die ich hinter mir habe, ereignet hat, war nicht umsonst. Schlimm waren die zwei Kriege. Es hat auch die Demokratie nicht ohne Probleme entstehen können, weil die Monarchie so eingefleischt war. Ich habe den Kaiser noch selbst sehr nahe gesehen. Aber er hat auf mich einen schlechten Eindruck gemacht. Wir waren so arm, dass wir uns gar nicht satt essen konnten, und auf der anderen Seite war dieser Prunk der Monarchie. Das war arg. In Ischl durften während der Sommerzeit die Ischler Bürger gar nicht in Arbeitsbekleidung durch den Kurpark gehen, sie mussten auf einem Seitenweg gehen. Da war eigens Polizei da, die sie sofort angehalten hat. Das ist alles mit der Republik sofort anders geworden.

Sie sind dann Zeuge Jehovas geworden.
Anfangen habe ich im Herbst 1931. Ich habe mir immer schon Gedanken über die Zukunft gemacht. Ich war schon religiös orientiert. Das Kirchenwesen hatte ich mir ganz anders vorgestellt, als es in Wirklichkeit war. Da bin ich ganz plötzlich mit den Zeugen Jehovas in Verbindung gekommen. Und da habe ich sofort gesagt, dass meine Vorahnungen nicht ganz falsch waren. Damals schon, zu Jesu Zeiten, sind die Apostel auf dem Ölberg gestanden und haben auf die Stadt hinunter geschaut. Und er hat gesagt: „Da bleibt nicht ein Stein auf dem anderen." Sie waren ganz überrascht und haben in ihm schon einen Vorkämpfer für eine richtige Regierung gesehen. Sie haben sich ihm deswegen angenähert. Aber sie haben gefragt. „Was wird das Zeichen in deiner Regierung sein?" Da hat er gesagt: „Große Weltkriege werden kommen, die Nationen werden sich gegenseitig bekämpfen, dann wird es bittere Not, Krankheiten und Erdbeben geben." Das habe ich mir gemerkt und habe gesagt, das muss eintreffen. Und das ist dann auch eingetroffen. Das war für mich der Beweis, dass wir vor einer großen Änderung stehen. Ich habe mich dieser Bibelgemeinschaft angeschlossen, weil ich dachte, da kann ich mehr lernen von der Bibel.

Als Sie zu den Zeugen Jehovas gekommen sind, hat man doch gesagt, das ist eine Sekte.
Ja, aber es ist keine. Adventisten, Baptisten, Pfingstgemeinde haben eine fest gebildete Kirchengemeinschaft, und man muss auch Mitglied werden. Das ist bei uns nicht der Fall. Niemand wird gezwungen, zu uns zu kommen. Wenn es ihm nicht mehr gefällt, wird er nicht gehindert oder angefeindet. Er hat ja seinen freien Willen. Der freie Wille wird bei uns sehr hoch geachtet. Oder wenn er sagt, er kann das nicht verstehen, wird er nicht verstoßen.

Sie haben bei den Zeugen Jehovas mehr Freiheit gefunden als in der katholischen Kirche?
Ja, bedeutend. Das wollte ich. Ich war immer auf Freiheit bedacht.

Aber die Zeugen Jehovas werden bis heute verlacht, wenn sie irgendwo in den Straßen mit dem „Wachturm" stehen.
Von wem? Von den Behörden nicht mehr. Ich habe sogar schon mit dem Bundespräsidenten Klestil gesprochen. Die lassen sich nicht anmerken, ob es sie stört, dass ich Zeuge Jehovas bin. Nur die ganz einfachen Menschen meinen, dass wir eine Sekte sind. Was gar nicht stimmt, weil wir die freieste Gemeinschaft sind, die es überhaupt gibt.

Was hat Ihnen der Glaube an Jehova für Ihre Person gebracht?
Ich bin sehr selbstsicher geworden. Meine

Familie hat mich ausgelacht, das hat aber keine Wirkung. Im Gegenteil. Ich sehe ja ihre Schwierigkeiten, die ich nicht habe. Ich habe einen großen Vorteil.

Was macht die Selbstsicherheit aus?
Zum Beispiel kennen wir Rassenstolz oder Gemeinschaftsstolz nicht. Der Katholik hat seine Religion und ich habe meine. Ich feinde keinen wegen seiner Religion an. Ich lasse mich von den Anfeindungen nicht binden, das prallt an mir ab.

Welche Vorstellungen haben Sie als Zeuge Jehovas vom Leben nach dem Tod?
Wie denken Sie darüber? Darf ich die Frage stellen?

Ich glaube, dass die Seele in einer verwandelten Form bleiben wird.

Eine Studentin hat mich einmal gefragt: „Wo ist der Himmel, wo wir hinkommen sollen?" Ich sage: „Wo sind Sie denn geboren?" „Auf der Erde." Ich sage: „Da bleiben wir auch. Die Erde ist unsere Heimat." Wir sind deswegen geschaffen. Ich könnte mir nicht vorstellen, dass die Engel die Felder bearbeiten und die Wälder. Der Auftrag war ja, lasst uns Menschen machen nach unserem Bild und unserem Gleichnis. Die Erde wird immer bleiben, weil sie für die Menschen geschaffen wurde. Viele Menschen sind von der unsterblichen Seele überzeugt, die es überhaupt nicht geben kann. Als Adam erschaffen wurde, heißt es, Gott bildete den Mensch aus Staub vom Erdboden, hauchte ihm ein den Odem des Lebens in seine Nase, und der Mensch wurde eine lebende Seele. Also ist der Mensch selbst eine Seele. Nicht, dass er eine unsterbliche Seele bekommt, wenn er stirbt.

Welche Folge hat der physische Tod?
Schlagen Sie bitte auf: Prediger, 9. Kapitel, Vers 5. Da heißt es, wir Lebenden wissen, dass wir sterben müssen, die Toten aber wissen gar nichts. Oder schlagen Sie auf Römerbrief, 6. Kapitel, Vers 7. Wie heißt es dort? Wer gestorben ist, ist von seiner Sünde freigesprochen. Die Katholiken sagen, er kommt in die Hölle oder das Fegefeuer, damit er gereinigt wird. Und die Bibel sagt, wenn er gestorben ist, ist er schon gereinigt. Warum sollte der noch in ein Fegefeuer kommen? Das ist doch ganz umsonst.

Man kann sich manches halt schwer erklären. Wenn man an Hitler denkt, kann man sich schwer vorstellen, dass eine solche Seele am Ende gereinigt ist.
Obwohl ich soviel gelitten habe am Nationalsozialismus, bin ich ganz verwundert. Warum soll dieser Hitler in der Hölle schmachten? Warum? Er hatte einen freien Willen als Mensch. Durch seinen freien Willen hat er sich selbst so bloßgestellt. Jetzt ist er tot und er hat damit seine Sünden bezahlt, jetzt ist es vorbei mit ihm. Manche wundern sich, dass ich nicht wutentbrannt diesen Hitler in die Hölle wünsche.

Sie haben keine Rachegefühle?
Nein, überhaupt nicht. Ich würde mir damit nur selbst schaden. Jeder Ärger, den der Mensch empfindet, wirkt sich auf ihn aus. Mein ist die Rache, heißt es im Römerbrief. Mein ist die Gerechtigkeit. Ich vergebe und vergelte. Also das gebührt Gott, der Mensch soll sich das nicht anmaßen. Mit jeder Zornesäußerung schadet er sich selbst, seinem Herzen und seinem ganzen Organismus. Also ist es am besten, wenn man das alles unterdrückt.

Sie sagen, als Mensch soll man sich damit begnügen, Mensch zu sein, und das bis zum letzten Atemzug.
Ja, richtig. Und mit bestem Bemühen mit anderen Menschen so gut wie möglich in Frieden zu leben, nicht wahr?

Was bedeutet der Glaube?
Der ist die gesicherte Hoffnung auf eine bessere Welt. Man braucht den Glauben, um überzeugt

zu sein, wir gehen einer schöneren Zukunft entgegen und können auch daran mitwirken. Deswegen gehen wir zu den Menschen und machen sie aufmerksam auf die Zukunft. Sie sollten selbst mitwirken, jeder einzelne, an dieser besseren Welt.

Ist die bessere Welt für die Zeugen Jehovas auch eine sozial gerechtere Welt?
Ja, auf alle Fälle. Auch in der Gemeinschaft wird immer wieder darauf hingewiesen, dass auf Arme und Ältere besonders Acht genommen wird. Davon kann ich auch Zeugnis geben. Alles, was wir machen, ist umsonst, weil wir Brüder und Schwestern sind. Die Selbstsucht muss von den Menschen selbst überwunden werden.

Wie sehen sich die Zeugen Jehovas im Verhältnis zu den anderen Christen?
Ich achte alle.

Können Sie auch jemand achten, der Sie im Leben gequält hat?
Ja, zum Beispiel einer, der mich im KZ gequält hat, der hat später 20 Jahre Haft bekommen. Der Sommer, so hat er geheißen, hat mich ja furchtbar geschlagen, nur auf den Kopf.
Von dem habe ich einmal ein Foto bekommen, da sah er ganz vergrämt aus. Das war eben die Folge. Er sollte sich nicht so verbissen haben. Ein vergrämter Mensch schadet sich selbst, weil sein Gehirn schlechter reagiert. Wenn er sich selbst verkrampft, ist er nicht mehr so aufnahmefähig. So stelle ich mir das vor.

Viele, die wie Sie im KZ waren, erzählen, dass ihnen die Erlebnisse dort noch lange in den Träumen begegnet sind.
Ja, lange ist es mir noch untergekommen. Das war schon schwierig, aber mit der Zeit hat es sich verlaufen. Jetzt kommt es mir nicht mehr unter.

Haben Sie es sich erarbeitet, keinen Hass mehr zu haben?
Natürlich. Die Zurechtweisungen der Bibel sagen, dass man alles beiseite lassen soll, was lebensbehindernd ist.

Warum sind die Zeugen Jehovas in den KZs nie weggelaufen? Warum hat man sich diesem Unrecht gefügt?
Wir hätten das nie getan, wenn es auch schöne Gelegenheiten gegeben hätte, weil sich das auf die Gemeinschaft, auf das ganze Lager ausgewirkt hat. Es hat einige Tage nichts zu essen gegeben, wenn einer weggelaufen ist. Die anderen mussten es büßen. Deswegen hätten wir das nie unternommen. Einmal ist ein Bürgermeister zur Lagerführung gegangen und hat um Häftlinge für die Erntearbeit gefragt. Es ist ein Erntekommando zusammengestellt worden. Aber nur Zeugen Jehovas durften mitmachen. Ein oder zwei Posten haben wir mitbekommen, da hat es nie etwas gegeben. Einmal sind wir zum Futterrübenernten ausgezogen. Zwei Posten waren mit, ganz verschlafen haben sie ausgeschaut. Wir haben zu ihnen gesagt: „Möchtet ihr denn schlafen?" Haben die zu uns gesagt: „Könnt ihr aufpassen, dass wir nicht erwischt werden?" Da war ein Kleeschober, da haben sie sich ein Loch gegraben, die Gewehre daneben hingelegt und geschlafen. Als wir fertig waren, haben wir sie aufwecken müssen, so fest haben sie geschlafen.

Waren die Zeugen Jehovas Widerstandskämpfer gegen das Regime?
Nein, im Widerstand haben wir nie gekämpft. Wir hätten nie Widerstand geleistet, wenn Hitler uns das Recht gegeben hätte, gemäß unserem Glauben zu leben. Aber er hat uns als Todfeinde betrachtet, nur weil wir nicht für den Militärdienst bereitstehen wollten. Den konnten wir nicht leisten. Das ist das Interessante an der ganzen Geschichte. Alle Religionen sind eingerückt, haben den Krieg gutgeheißen, nur die

Zeugen Jehovas nicht. Das hat den fürchterlichen Hass von Hitler hervorgerufen.

Die Zeugen Jehovas sind auch nach dem Krieg nie besonders erwähnt worden in der Öffentlichkeit?
Die anderen Kirchen haben sich alle beschuldigt gefunden und haben sich bemüht, das zu vertuschen.

Wie sehen Sie als Zeuge Jehovas die Verfolgung und Ermordung der Juden?
Dieser habe ich nie beigepflichtet. Ich habe bereits einem NS-Richter gesagt, dass ich die nationalsozialistischen Rassegesetze ablehne.

Glauben Sie, dass man auch als Katholik oder Buddhist ein guter Mensch sein kann?
Selbstverständlich, es gibt überall gute Menschen. Das haben wir ja auch selbst schon erfahren. Unsere Brüder und Schwestern kommen aus den verschiedenen Religionsgemeinschaften, auch von totalen Gottesleugnern. Man darf niemand verurteilen. Ich habe kein Recht, dass ich jemand aufgrund seiner Einstellung verurteile. Morgen kann er schon ganz anders werden.

Man muss jedem Menschen bis zum letzten Atemzug eine Chance geben.
Ja.

Sie machen auf mich den Eindruck, als wären Sie sehr versöhnt mit dieser Zeit des Nationalsozialismus.
Ja, da habe ich mich versöhnt. Ich habe nie Zorn empfunden, auch wenn ich davon erzählt habe. Es hat einige gegeben, die diese Versöhnung nicht gutgeheißen haben. Ich habe eine Aussprache gehabt mit einem ehemaligen Sturmführer, der im Jahre 1969 in Paderborn angeklagt war. Der Angeklagte hat nachher zu mir gesagt: „Verzeihen soll man halt auch können." Ich sagte ihm: „Wenn Sie mir unbegründeter Weise eine herunterhauen, liegt es an mir, dass ich sage, Schwamm drüber. Aber da ist es etwas anderes. Da sind schwere Grundsätze verletzt worden, da kann ich nicht sagen, Schwamm drüber, das müssen Sie sich mit dem Schöpfer der Erde selbst ausmachen, ob er Ihnen verzeiht."

Was, würden Sie sagen, sind die wichtigsten Grundsätze des Lebens?
Jesus hat gesagt: „Liebe Gott über alles und deinen Nächsten wie dich selbst."

Würde es Ihnen gefallen, noch 20 Jahre zu leben?
Darum bete ich ja, dass ich am Leben bleibe.

Nach dem Krieg hat Leopold Engleitner auch geheiratet. Eine geschiedene Frau mit zwei Kindern. Es war vielleicht nicht die große Liebe, aber eine Beziehung mit Respekt und Vertrauen. Viele Jahre hat Leopold Engleitner seine schwer kranke Frau dann auch gepflegt. Heute ist er selbst auf Unterstützung angewiesen. Seine Enkelkinder und eine „Glaubensschwester" kümmern sich um ihn und seinen Haushalt.

Wie werden Sie Ihren 100. Geburtstag feiern?
Ich feiere nicht. Es ist wohl eine Ehre, aber wir feiern das nicht, weil wir zur Geburt nichts beitragen können. Das kam vom Schöpfer der Erde, da wollen wir keine Ehre für uns beanspruchen. Ich kann es aber niemand verbieten, wenn er mir eine Freude machen will.

Das Gespräch mit Leopold Engleitner wurde am 10. März 2005 in Herzogsdorf, Oberösterreich, geführt.

Ich war bestimmt sehr schön

Frieda Fränkel, Kinderstar, Flüchtling, Erfinderin, geboren 1905

Auf Frieda Fränkel werden wir aufmerksam, weil sie im Jahr 2005 als Erfinderin eines Fit-Chair vom Land Niederösterreich einen Anerkennungspreis als älteste Teilnehmerin eines Innovationswettbewerbes bekommt. Frieda Fränkel ist damals schon 100 Jahre alt. Als ich mich zum Besuch bei ihr im Seniorenzentrum Maimonides anmelde, muss sie zuerst in ihrem Kalender nachschauen, wann sie einen Termin frei hat. Am 17. Jänner 2006 feierte sie ihren 101. Geburtstag, „danach sollte es gehen", meint sie. Ein etwas eigentümliches Gefühl beschleicht mich, als ich auf das Seniorenzentrum Maimonides zu gehe. Von ferne sehe ich einen Wachposten in einem Glasverbau vor dem Haus. Das Maimonides-Zentrum im 19. Wiener Gemeindebezirk gehört der Israelitischen Kultusgemeinde. Im Haus muss ich durch eine Sicherheitsschleuse. Der Portier befragt mich, abgeschirmt durch eine dicke Glaswand, per Telefon. Hier erinnert vieles an eine Flughafenkontrolle. Das alles in einem Heim voll alter, sehr alter Menschen. Auf dem Weg zum Zimmer von Frau Fränkel passiere ich die Synagoge im Haus. Frau Fränkel erwartet mich schon in ihrem kleinen Zimmer, das etwas vom Charakter eines Studentenheims hat. Eine kleine Kochnische, ein Tisch, ein Sessel, zwei Schränke, alte Bilder an der Wand. Der Blick geht in einen wenig einladenden Hinterhof. Aber Frau Fränkel ist gut gelaunt. Sie erzählt, dass sie vor fünf Jahren in das Heim gekommen ist. Nach einer schweren Operation konnte die alleinstehende Witwe nicht mehr in ihrer Wohnung bleiben.

Frau Fränkel, empfinden Sie das Alter als beschwerlich?
Nein, gar nicht. Ich mache alles. Bevor Sie gekommen sind, habe ich das Rätsel fertig gemacht, ohne Brille. Wörter suchen, das mach ich lieber als Kreuzworträtsel.
Das wissen Sie, diese Sache? Von meinem Preis? Erfinderin bin ich. Ich habe mir gedacht, man muss immer Rad fahren gehen und braucht immer jemand dazu. Das kann man doch allein auch machen.
Da kann ich da das Turngerät haben *(sie zeigt auf die Lehnen ihres Sessels)* und da *(sie zeigt auf das Fußende des Sessels)* und brauche nicht warten, bis ein Pfleger mit mir geht.
Ich habe gesagt, ich möchte einen solchen Sessel haben, damit ich selbstständig treten und turnen kann ohne Pfleger.

Sie wollten etwas Praktisches erfinden.
Einen Turnsessel. Erstens einmal sehe ich, die Leute sitzen Tag und Nacht vor dem Computer und machen nichts. Da habe ich mir gedacht, sie sollten etwas tun dazwischen, nicht nur tippen und drücken. Sie sollten statt Radl fahren da unten Treter haben und fünf Minuten treten. Dann hier an der Lehne kurze Gummibänder haben und ziehen. Das soll auch der Chef erlauben, dass sie ein paar Sekunden turnen. Und die alten Leute, die so still vorm Fernsehen sitzen, stundenlang, die sollen auch etwas machen können. Und da ist mir so ein Sessel eingefallen. Den haben wir bei Genius eingeschickt. Da habe ich einen Preis gemacht. Ich war eingeladen in Wiener Neustadt in der Hochschule. Das war großartig. Es war grandios. Lauter Männer, und ein Publikum wie im Theatersaal. Dann ist auf einer großen Leinwand gestanden, Frieda Fränkel, ein Preis. Das hat mich schon hergenommen.

Sie hatten doch einmal einen Schönheitssalon?
Freilich. Ich war Theaterkind. Ich habe eine herrliche Stimme gehabt. Ich war mit 15 an der Akademie für Darstellende Kunst, habe einen Freiplatz bekommen. Damals war ich in Mödling in der Militärakademie, für kriegsgefangene Kinder, dort habe ich vorgetragen, gesungen. Da hat mir jemand geraten, in der Lothringer-Straße soll ich vorsingen. Ich habe das „Grab auf der Heide" gesungen, es war der Weltkrieg. Alle haben Opern gesungen, die haben sich bucklig gelacht, als ich das gesungen habe. Da bin ich bis zum Dis hinauf gekommen. Ich habe mit 11 Jahren Traviata gesungen, Martha, und alle möglichen Opernarien. Denn ich habe doch mit fünf Jahren schon Theater gespielt. Ein Wunderkind.

Wie sind Sie zum Theater gekommen mit fünf?
Wir waren vier Kinder. Mein Vater war ein Schuhverkäufer, ein Flüchtling aus Polen. Damals waren auch Pogrome. Er hat studiert, ist geflüchtet, ist gekommen zu meiner Großmutter als Untermieter. Da hat er die Tochter geschwängert und musste sie heiraten. Dann sind vier Kinder gekommen, das vierte ist gestorben. In der Novarragasse bin ich zur Welt gekommen, mit krummen Beinchen und Lockerl. Mit vier Jahren habe ich schon Lieder gesungen am Gang und ein Sechserl gekriegt. Wie das ist bei den armen Leuten. Einmal haben wir gewohnt vis-a-vis vom Raimund-Theater, auch wieder auf Zimmer und Küche, daneben war eine Soubrette vom Raimund-Theater. Die hat mich gehört. Da haben sie ein Kind gebraucht für „Mein Leopold" mit dem Girardi. Sie hat mich geschnappt vom Gang, hat mich ins Theater gebracht, von diesem Moment an bin ich bis zum 15. Lebensjahr gependelt zwischen Schule, Theater, Proben, Geldverdienen, Weltkrieg, Hunger, Anstellen in Kriegsküche, Schuhe vom Bruder ausgeborgt, wenn ich ins Theater gegangen bin. Meine Mutter hat immer gefragt: „Wieviel Geld hast du gekriegt? Weißt du", hat sie gesagt, „sie zahlen die Proben nicht." Darum habe ich müssen von Meidling ins Raimund-Theater zu Fuß gehen. Wir haben beim Meidlinger Markt gewohnt.

Da hat mich die Mutter in die Kanzlei geschickt, dem Sekretär sagen, er soll die Proben zahlen. Sie können sich denken, wie sich das angehört hat von einem Kind. Ich wollte, dass die Mami Geld hat. Der Vater war kriegsgefangen in Russland.

Ist er wieder zurückgekommen?
Er ist zurückgekommen mit einer Krankenschwester und hat uns im Stich lassen. Es war alles so wunderbar ohne Papa. Da habe ich schon schön verdient. Dann habe ich im Burgtheater gespielt, im Deutschen Volkstheater im „Wilhelm Tell". Ich habe große Rollen gehabt. Da habe ich schon gesagt, dass ich so und so viel will. Die Mutter hat es mir eingetröpfelt. Mit der Schule habe ich immer eine Rauferei gehabt. Ich musste vom Schulrat eine Bewilligung haben und durfte keinen Dreier kriegen. Und Geometrie habe ich nicht gern gehabt, Rechnen auch nicht. Da war ich immer fast beim Dreier. Aber die Lehrerin hat Mitleid gehabt und hat mir einen Zweier gegeben.

Haben Sie gerne Theater gespielt?
Natürlich, ich war ganz happig. Wenn ein neues Stück gekommen ist, habe ich schon gefragt, ob ich dabei eine Rolle habe. Ich war ein richtiger Frechdachs. In der Volksoper haben sie mich dann geholt, um beim „Evangelimann" das Solo zu singen, und da bin ich picken geblieben. Da haben wir noch Märchen gespielt. Von Karl Schreder. „Aschenbrödel und Schneewittchen", dann „Die Feuersnot". Im „Verschwender" habe ich alle Kinder gespielt. Vom kleinen bis zum großen. Der hat ja fünf Kinder gehabt, der Tischler. Oder „Mein Leopold" oder „Schneewittchen", erst war ich der kleine Zwerg und zum Schluss der erste Zwerg.

Was hat Ihnen am Theater gefallen als Kind?
Ich wollte Soubrette werden, nicht Oper, das war mir zu langweilig. Alle lustigen Sachen haben mir gepasst. Dann kam nach dem Krieg die Spanische Grippe, wo sehr viele Tote waren. Na, und ich bekomme Grippe. Nach der Grippe war es aus mit der Stimme.

Haben Sie sich von einem großen Lebenstraum verabschieden müssen?
Damals war das nicht so. Es sind so viele Leute gestorben, sind arm gewesen, haben nichts zum Leben gehabt. Wir haben Schauspieler gehabt, die haben uns drei oder fünf Deka Butter gebracht. Sprechrollen habe ich bekommen. Wir waren über Wasser. Aber das wollte ich nicht. Ich wollte nicht in die Provinz gehen als Soubrette. Ein bisschen Stimme hatte ich noch. Das hat mich abgestoßen. Da hat man gesagt, man ist eine Hure, geht von Hand zu Hand. Und die waren auch nicht fein, die Regisseure. Das hat mich so angewidert. Dann ist der Papa nicht nach Hause gekommen. Hat geheißen, sie lassen sich scheiden. Ich habe mir gedacht, ich will verdienen. Ich bin in die Burggasse gegangen und habe Schönheitspflege gelernt. Als erstes habe ich einen Posten bekommen in Marienbad beim Eggert, Hauptstraße in Marienbad, als Anfängerin. Maniküre, Pediküre und Schönheitspflege. Ich habe mehr gekonnt als die Pragerinnen. Ich war sehr passioniert. Alle Schauspieler, die in Marienbad waren, waren dann meine Kundschaften.

Das war in den frühen Zwanzigerjahren.
Ja, und da war Marienbad nur für die reichen Russen und für die Ausländer. Da musste man auch sehr aufpassen wegen Verehrer. Weil unser Chef war sehr streng. Der hat nachgeschaut, ob wir schlafen gegangen sind.

Ich stelle mir vor, dass Sie einige Verehrer gehabt haben als hübsche junge Frau.
Na, ja. Schöne Haare, selbst gemacht. Und dann habe ich kennengelernt Othmar Schiff vom Kärntner Ring. Der war Kundschaft, und der hat

gesagt: „Haben Sie im Winter schon einen Posten?" Sage ich: „Nein. Ich suche einen." Sagt er: „Ich bin der Kommerzialrat Othmar Schiff vom Kärntner Ring, vom Imperial. Sie sind bei mir angestellt." Ich habe damals geglaubt, ich falle in Ohnmacht. Ein sehr strenger Chef. Er hat 22 Angestellte gehabt. Imperial, Kärntner Straße und Kärntner Ring. Wunderbar. Ich habe dort gelernt, wie man umgeht mit reichen Leuten. Wir durften nur reden, was das Geschäft angeht. „Sie haben trockene Haut, Sie müssen die Salbe von den berühmten Firmen nehmen." Das war dann unser Verdienst. Wir haben Prozente bekommen. Ich war die beste Verkäuferin.

Wie haben Sie Ihren Mann kennen gelernt?
Mein Bruder war bei der Bahn. Für Witwen und Waisen gab es ein Theaterstück, das ein Kondukteur geschrieben hat: „Die kleine Station", da habe ich die Hauptrolle gespielt, da habe ich einen Mann gehabt und den habe ich dann geheiratet. Dem habe ich zeigen müssen, wie man Theater spielt. Ich war ja routiniert, und der war so schüchtern. Dann haben wir uns ausgeredet, wir machen einen Schönheitssalon. Ich geh weg vom Othmar Schiff mit meinen Kunden. Da habe ich schon immer aufgeschrieben, wen ich dann einlade in mein Geschäft. Das hat auch floriert. Dann haben wir uns einen Friseur dazu genommen, einen Kompagnon, und dann ist der Hitler gekommen.

War Ihr Mann auch jüdisch?
Bitte, nein. Er war es wohl am Taufzettel.

Aber Sie sind doch jüdisch?
Ich bin schon jüdisch, durch Vater und Mutter. Aber es war damals so eine Zeit, da waren nur reiche Leute Juden. Die Armen waren arme Leute. Einmal im Jahr, am langen Tag, ist man in den Tempel gegangen. Zwischen zwölf und eins wird der Tempel für alle geöffnet. Vorher muss jeder zahlen für den Sitz, und wenn die Leute dann an die Luft gehen, werden viele Sitze frei, da ist Gebetszeit für alle Juden. Da haben wir uns dann hineingedrängt und hingesetzt und haben zugehört. Aber ich habe dazu keinen Bezug gehabt. Ich habe meine Mutter verloren, ich habe meinen Bruder verloren. Für mich war das überhaupt ... – ich bin ja auch hier nur einmal in der Synagoge gewesen. Ich finde das viel zu groß und viel zu aufwändig. Sie hätten lieber ein paar Badezimmer machen können, Wannenbäder. Wir haben nur Dusche. Besser wäre, wenn sie statt der Hälfte der Synagoge ein schönes Wannenbad gemacht hätten, wo die Leute auf einem Sessel in die Wanne kommen wie in den Spitälern. In ein paar Minuten ist der Mensch gewaschen. So muss er sitzen und duschen.

Sind Sie ein gläubiger Mensch?
Nein. Ich sage, es gibt einen Gott, und ich werde auch sagen: Lieber Gott hilf mir, nicht lieber Hausmeister oder liebe Frau. Aber dieses ganze Alte, Antike, finde ich direkt verblödet, verdummt.

Sie haben sich nicht als jüdische Familie gefühlt.
Ich habe meine christlichen Kreise, die ich dreißig, vierzig Jahre kenne. Wir waren jung, gut aussehend, sind gern zum Heurigen gegangen, aber wir haben uns nicht in solche Kreise mischen können, wo reiche Juden waren. Wir waren meistens unter Christen, die aber nicht Antisemiten waren. Dann haben wir das große Glück gehabt, in der Emigration Admiral Franzoni aus Neapel kennen zu lernen. Ich war immer in einem Haus eingeladen mit achtzig Quadratmetern Terrasse, über ganz Neapel hat man da gesehen. Ich war bei den Kindern, damit sie ein bisschen Deutsch lernen. Dann habe ich die große Operation gehabt, Eierstöcke entfernen, Gebärmutter raus. Tumore, alles in der schlimmsten Zeit, Nachkriegszeit. Da waren die Betten halb zertrümmert von den Soldaten. Da hat mich mein Mann auf einer Gemüseplatte entführt. Da hat man

mich angebunden und hat in der Nacht die Schwestern bestochen, und so haben sie mich nach Hause gebracht. Dann haben wir einen Arzt gefunden, denn ich habe Venenentzündung dazu bekommen. Der hat mich mit Blutegeln bearbeitet. Ich hatte zehn, zwölf Blutegel, die haben reingebissen, da habe ich geschrieen. Da hat das Haus Lichter für mich angezündet. Die frommen Christen. Wenn er gebissen hat, hat er gesaugt. So bin ich gesund worden. Ohne Medikamente.

Haben Sie keine eigenen Kinder bekommen können?
Nein. Das haben wir ja schon, bevor der Hitler kommen ist – beim Naschmarkt war ein Arzt, wenn da ein Mädel rausgekommen ist, ist schon das Auto hingefahren. Das waren alle solche, die ausgekratzt worden sind. War berühmt, der Auskratzer. Ich war dort drei Mal. Wir konnten kein Kind kriegen, da war schon der Hitler im Kommen. Wenn wir eines gehabt hätten, wären wir auch vergast worden. Da wären wir nicht weg gekommen. Man war so abgehärtet, es hat einen nichts mehr treffen können.

Erinnern Sie sich, wie war das, als Sie mit Ihrem Mann den Entschluss gefasst haben: Jetzt müssen wir weg. Wie kommt man zu dieser Gewissheit?
Sehr geschwind. Wir haben uns versteckt bei der Tante. Da war die Kristallnacht, da mussten wir aus der Wohnung weg. Meine Chefin, die war verliebt mit einem Staatssekretär. Wir haben 2000 Kronen gebraucht, um falsche tschechische Pässe zu kaufen. Der hat uns die 2000 Kronen gegeben. Ich bin auf der Kärntner Straße zu einem SS-Mann, einem Anwalt, der hatte auf dem Tisch eine Pistole liegen, der hat mir falsche Pässe gegeben. Wir haben nur eine Kiste mit ein paar Sachen gehabt. Wir sind zu einer Tante, und von dort sind wir verraten worden. Hat uns die Polizei abgeholt, und da haben wir unterschreiben müssen, binnen 24 Stunden müssen wir Österreich verlassen. Das haben wir unterschrieben. Dann haben wir die Pässe genommen und einen kleinen Koffer und sind nach Belgien, nach Brüssel.

Was überlegt man in so einem Moment?
Nichts. Wir waren doch eingesperrt. Ich hatte doch nicht einmal ein Taschentuch mit. Ich habe mir im Saum von meinem Kleid die Nase geputzt. Ich habe damals gerade Schnupfen gehabt. Nur weg. Man hat gehört, der hat sich umgebracht, der hat sich aufgehängt, der traut sich nicht mehr nach Hause. Mein Bruder hat geglaubt, er ist bei der Bahn, er wird hoch gelobt, war Sozialist. Meine Schwester ist untergekommen, die war damals schon Witwe, in Kaiserebersdorf, versteckt. Jeder wollte weg. Den Spiritusbrenner habe ich mitgenommen, und die Kiste haben wir zugenagelt und weg nach Brüssel, weil wir gehört haben, dort gibt es jüdische Hilfe. Wir haben auch Hilfe gehabt. Die haben gesagt, wir müssen uns taufen lassen, und dann kommen wir nach Brasilien. Das haben wir alles gemacht.

Haben Sie sich taufen lassen?
Ja. Katholisch, im Kloster, die waren auch dafür, die haben Geld bekommen. Wir haben das Evidavit bekommen, aber mein Mann hat gezögert. Der war nicht fürs Ausreisen. Unsere Freunde sind reich geworden. Aber er war nicht für Übersee. Er hat gesagt: „Gehen wir nach Italien, da habe ich einen Freund und der deckt uns.“ Und da sind wir nach Frankreich. Dort waren wir versteckt bei einer Kundschaft von mir, Fleischhauer von einer Großmarkthalle, in Paris. Die hatten ein Appartement, da waren wir versteckt. Ich habe den Eiffelturm gesehen, aber es hat uns nicht aufgeregt. Aber was machen wir morgen? Dann sind wir zu Fuß abgeholt worden bei der Grenze zu Italien. Wir sind eingesperrt worden mit unserem Koffer. Wir hatten im Zug die Schuhe ausgezogen, die waren auch weg. Nur in Hausschuhen. Dann haben wir den reichen Freund angerufen, der hat uns abgeholt und hat

uns Zimmer gesucht, und da haben wir gewartet, bis der Hitler mit dem Mussolini zusammenkommt. Dann war es wieder arg. Wir sind geschnappt und eingesperrt worden. Mein Mann kam in ein Lager bei Palma, oberhalb von Mailand, und ich nach Kalabrien. Dann haben wir uns treffen dürfen. Ich habe die Bonzen ein bisschen manikürt und pedikürt, aber nicht mehr, und über diese Bonzen hat man eine Erlaubnis zum Passieren bekommen können bis zur Grenze, und dann sind wir wieder in Kalabrien angekommen. Bettelarm, ohne Löffel, ohne nichts. Und der Mareschallo hat uns in eine Wohnung gebracht, habe ich auch wieder manikürt und pedikürt, habe ich ein Reindl bekommen und einen Topf und habe in denen gekocht mit Holzkohle. Bis die Invasion gekommen ist. Da sind wir nach Rogliano, in ein Haus, wo ein Arzt geflohen ist. Dann haben wir die Gouvernante vom Admiral kennen gelernt. Die war versetzt worden, weil sie den Mussolini beleidigt hat. Da hat man sie in ein gutes Hotel in Kalabrien strafversetzt. Die war unser Engel.

Die hat Sie gerettet?
Die hat uns gerettet. Die ist dann nach Napoli zur Familie. Dahin konnten wir auch kommen. Ich habe mich als Freundin der Hausfrau gefühlt.

Wann haben Sie Ihre Mutter zum letzten Mal gesehen?
Ach ja. Wir sind nach Belgien, sie ist einmal nach Brüssel gekommen, aber wir hatten kein Geld, nur kommen, sehen und wieder weg. Das war schrecklich.

In den Jahren nach dem Tod ihres Mannes war Frieda Fränkel oft auf Reisen, hat Freunde in Amerika und Australien besucht, liebte den Flair der großen Welt.

Sie sind 1952 nach Wien zurückgekommen. Haben aber keinen Schönheitssalon mehr aufgemacht.
Ein bisschen manikürt und pedikürt habe ich noch, gepfuscht. Ich war bei der Versicherung angestellt. Ich bin am Gürtel von einem Hausmeister zum anderen gegangen und habe gefragt, ob neue Mieter da sind wegen der Hausversicherung. Erinnern Sie mich nicht. Das war bitter traurig. Ich wollte immer Aufträge bringen. Wenn ich keinen gebracht habe, war ich sehr traurig. Da bin ich mir so überflüssig vorgekommen, gekränkt. Dann haben wir endlich das Geld von Deutschland gekriegt. Aber bis dahin waren wir sehr elend.

Was hat Sie bewogen, nach Wien zurückzugehen?
Ich wollte immer in Neapel bleiben und dort Kosmetik machen. Mein Mann wollte nur nach Hause nach Wien.

Die italienische Lebensart hat Ihnen gefallen.
Ach, die hat mir sehr gefallen. Der Hausmeister war ein Gentleman, alles war so Signora, bella bambina oder bella colomba. Alles war so lieblich. Oder ich bin in den Bus eingestiegen, und schon ist ein junger Mann da gewesen und hat mir eine Fahrkarte gezogen. Aber nicht einmal, öfter. Ich habe die Lire gesucht, hat er schon gesagt: Faccio io, selbstverständlich.

Wie haben Sie die Wiener 1952 erlebt?
Sehr derb, sehr ungehobelt, weder freundlich noch unfreundlich, man hat sich so ergeben ins Schicksal. Die ersten Jahre hier waren nicht schön. Ein paar haben sich aufgeregt: Ach, der hat ja das Haus von den Juden, die Wohnung gehört gar nicht ihm. Das hat mich alles hergenommen, diese großen Kapazitäten, die nicht mehr gekommen sind. Man war gar nicht modisch angezogen, was man halt gehabt hat, so zusammengewürfelt. Und wenn eine modern angezogen war, hat man gesagt, die geht auf den Strich. Oder die hat einen Amerikaner gehabt oder einen Bonzen. Es war eigentlich widerlich. Man hat nicht gewusst, wem man trauen soll.

Eigentlich waren wir sehr allein. Wenn wir wo hingefahren sind, haben wir uns nicht angeschlossen. Wir sind fast immer allein gesessen. Es war eine hässliche Zeit.

Sie waren wohl zu allen Zeiten gut gepflegt.
Immer. Immer lackierte Nägel. Morgen werden sie frisch lackiert, weil am Samstag gehe ich mit meiner Nichte aus. Da ziehe ich mich auch schön an. Ich habe nie nachgegeben.

Sie sind immer ein nach vorne orientierter Mensch gewesen.
Wenn wir noch so arm und stier waren, ich habe immer etwas gehabt, was der andere nicht so leicht gehabt hat. Aber ich hatte es ... Wenn ich in San Carlo in die Oper gegangen bin, war ich bestimmt sehr schön. Mit dem Schal so, meine Locken da vorne. Und hie und da war ein Strass, ein Flitter, da habe ich das zerschlissenste Kleid gehabt, aber zugedeckt. So bin ich auch in die Mailänder Scala. Bei Traviata, da war der berühmte Karajan. Da habe ich eine Karte bekommen hinter dem Karajan. Ich habe gesagt zu meinem Mann: „Viki, da kann ich nicht gehen, da ist ja alles so fein." Sagt er: „Du wirst dich schon zusammenmascherln."

Was war für Sie die schönste Zeit in Ihrem Leben?
Die schönste Zeit? Na ja, als wir geheiratet haben, da war ich schon wahnsinnig verliebt. Aber ich habe nichts verstanden und er nichts. Immer schwanger geworden und kein Geld und nichts, geschwind, geschwind wegmachen. Das war dann eine traurige Zeit. Eine schöne Zeit habe ich mir in Italien gemacht, auch in Neuseeland. Da hatte ich wunderbare Freunde. Da war ich Königin.

Es läutet an der Tür. Ein junger Zivildiener bringt das koschere Abendessen. Frau Fränkel wirft einen abschätzigen Blick darauf. „Die Karotten sind bestimmt wieder viel zu süß", meint sie.

Frau Fränkel, denken Sie manchmal ans Sterben oder ist das ganz weit weg?
Das ist ganz weit weg, Gott sei Dank. Nur, wenn ich große Schmerzen habe, aber die kann ich Gott sei Dank aushalten. Aber sollte ich stürzen und darauf in die Bettenzentrale müssen, dann möchte ich nur gleich sterben. Weil das ist wohl das Schlimmste, was einem passieren kann.

Sind Sie ein Mensch, der glaubt, dass es nach dem Tod weitergeht?
Nein, nein, das ist aus für mich. Da kommt überhaupt nichts. Das habe ich nie geglaubt. Ich meine, ich lasse mir nicht gern etwas einreden. Wenn es aus ist, ist es aus. Das ist nicht so schlimm.

Gibt es etwas, das Sie in der Rückschau auf Ihr Leben bereuen?
Oja, gibt es schon. Es gibt schon Sachen, die mir zuwider waren. Ich habe mich einmal scheiden lassen von meinem Mann und dann bin ich zurück. Hätte ich nicht machen sollen. Aber er hat mir so leid getan. Er hat mir so leid getan, er musste nur auf einem Zimmer wohnen. Aber ich hätte noch anders besser heiraten können. Dann war er noch sehr krank und auch sehr bestimmend. Die Männer waren bestimmend, und die Frauen waren Sklaven. Waren Bedienerinnen, haben die Hosen gebügelt, die Hemden alle hintereinander in den Kasten gehängt, dann war es ihm nicht recht. Da habe ich mir oft gedacht, was braucht er Seidenhemden. Sehr eitel. Da waren die Männer nicht großzügig. Ringe oder Schmuck habe ich mir alles selbst gekauft. Sie waren nicht so gentile, das ist jetzt anders, sie machen schon mehr Geschenke als früher.

Was würden Sie jüngeren Frauen von Ihrer Lebenserfahrung mitgeben?
Sie sollen schon selbstständig sein, nicht so ergeben, das passt nicht. Und sich nicht dirigieren lassen, besonders beim Anziehen, beim Essen

und so. Die Männer sind sich der Frauen zu sicher, das gefällt mir gar nicht. Und Liebe, das, was sie dir vorhüpfen, ist alles gestellt.

Werden Sie noch etwas erfinden?
Hab ich schon. Sie werden lachen. Bei meinem Geburtstag habe ich dem Herrn Bezirksvorsteher gezeigt, dass ich einen Knopf gezeichnet habe, den da, diesen da. *(Sie fischt ein Blatt Papier aus der Lade. Darauf hat sie wie ein Mandala einen Kreis gezeichnet und die Kreissegmente bunt bemalt. Zwischen den Segmenten stehen die Buchstaben U N O.)* Und zwar kann man das nehmen für Broschen, Anhänger, Knöpfe. Das soll für einen guten Zweck auf der Kärntner Straße verkauft werden. Ich wollte nur etwas bringen, weil ich mir gedacht habe, es wird so viel Mozart verkauft, das ist doch zum Wahnsinnigwerden. Warum macht man nicht auch von der UNO Knöpfe? Das wäre so ein Kontra.

Sie haben den UNO-Knopf erfunden, um die UNO zu unterstützen?
Ja, und UNO-Clips und UNO-Brosche. Ein Kontra gegen Mozart. Na, ist das eine Idee?

Das Gespräch mit Frieda Fränkel wurde am 27. Jänner 2006 in Wien geführt.

STRANDSCHLOSS

Das Leben ist so, wie wir darauf reagieren

Alice Herz Sommer, Pianistin und Holocaust-Überlebende, geboren 1903

Schon beim ersten Telefonat fiel auf, dass Alice Herz Sommer noch ganz in der Gegenwart lebt. Wir wollten sie in London besuchen und suchten ein Hotel. „Das finden Sie problemlos im Internet", meinte die hochbetagte Dame. Und als wir bei ihr im kleinen Appartement in London eintreffen, interessiert sie sich zuerst für die Kamera der Fotografin. Ob die schon digital funktioniere? Alice Herz Sommer ist eine kleine Frau mit wachen Augen und noch immer sehr beweglichen Fingern. Zum Ende unseres Besuches wird sie uns auf ihrem Klavier den Beginn einer Beethoven-Sonate vorspielen.

Alice Herz Sommer hat als Prager Jüdin die Schrecken des Holocaust erlebt. Mit ihrem Sohn überlebte sie das Ghetto in Theresienstadt. Viele Bilder, die ihren Sohn Raphael zeigen, hängen an der Wand des Appartements. Er war ein erfolgreicher Cellist. Vor vier Jahren ist er völlig unerwartet gestorben.

Lange Zeit hat Alice Herz Sommer als Pianistin und Klavierlehrerin in Israel gelebt. Doch zuerst geht unser Gespräch ganz andere Wege: Alice Herz Sommer erzählt, wie wunderbar sie die Fernsehsendung „Universum" findet.

Haben Sie sich in Ihrer Jugend schon für Natur interessiert?
Immer, ich habe mich für alles interessiert. Darauf kommt es nämlich an, ob man wissen will oder nicht. Ich habe stundenlang mit meiner Mutter gesprochen, und das hat auch mein Sohn, ein weltberühmter Cellist, der leider, leider vor vier Jahren gestorben ist, gehabt. Als kleines Kind hatte er schon hunderttausend Fragen. Er war schon mit zwei Jahren musikalisch sehr begabt.
Ich stamme aus einer sehr musikalischen Familie. Meine Mutter stammt aus Iglau, aus einer deutschen Siedlung, auch Gustav Mahler ist dort geboren. Meine Mutter hat als Kind mit ihm gespielt. Immer wenn ich diese Musik von Mahler höre, bin ich mit meiner Mutter eng beisammen.
Bei uns wurde nur über Musik gesprochen. Wir waren fünf Kinder, alle sehr musikalisch. Mein Bruder war ein herrlicher Geiger, mit ihm habe ich schon mit zehn Jahren gespielt.

War Ihre Mutter streng?
Sie war diszipliniert, heute weiß keiner mehr, was das ist. Wir waren nicht arm. Mein Vater war schon mit 12 Jahren aus der Schule gekommen und hatte in einer Eisenhandlung gelernt. Dann hat er mit seinem Bruder eine Waagenfabrik gegründet, die größte in der ganzen Monarchie.

Haben sich die Mitglieder Ihrer Familie in der Monarchie als Österreicher gefühlt?
Deutsch, das ist nicht ganz österreichisch. Man sagt, dass das Prager Deutsch das reinste Deutsch ist. Es sind die größten Schriftsteller dort geboren: Franz Kafka, Franz Werfel, Rilke.

Franz Kafka war im Hause Herz in Prag öfter zu Gast. Alices Schwager war ein guter Freund des Dichters. Alice erinnert sich an einen bescheidenen, aber auch sehr humorvollen Kafka.

Ja, diese Disziplin. Jedes Kind hatte eine Pflicht zu tun. Ich bin um sechs Uhr früh aufgestanden und bin zu einer Bäckerei in der Nähe gegangen, um Semmeln und Brot zu holen für das Frühstück, und ich habe den Tisch gedeckt. Abends habe ich alle Schuhe geputzt, das habe ich aber freiwillig gemacht, um der Mutter zu helfen. Wenn die Mutter etwas gesagt hat, wurde es getan. Das Wort „Nein" hat nicht existiert. Wir haben unsere Mutter geduzt. Gesiezt hat man bei den Katholiken. Wir sind Juden, ohne Religion. Ich glaube nur an Ehrlichkeit. Wir sind ehrliche Menschen.

Hat Ihnen die Disziplin im späteren Leben geholfen?
Deswegen bin ich so alt geworden, nur deswegen. Disziplin besteht aus einem starken Willen und einem ungeheuren Ehrgeiz. Ich esse zum Beispiel seit dreißig Jahren jeden Tag dasselbe. Ich weiß gar nicht, was ich esse. Ich war so beschäftigt, dass ich gar nicht Zeit hatte nachzudenken, was das ist. So ist es bis jetzt. Immerfort dasselbe, keine Änderungen, stundenlang gegangen, nie in einem Auto gesessen. Also in dieser Art.

Bezieht sich Disziplin auch auf den Umgang mit den eigenen Stimmungen?
Ganz besonders. Ich habe eine Zwillingsschwester gehabt, aber wir waren antipodisch in unserem Charakter. Ich war immer optimistisch und immer gut gelaunt, sie genau das Gegenteil, sehr pessimistisch. Als sie gestorben ist, war ich dankbar. Sie war nicht depressiv, nicht krank, aber sie hat das Leben vom dunkelsten Punkt aus gesehen und ich vom hellsten. Das Leben ist so, wie wir drauf reagieren. Na, und der Spinoza, der größte Philosoph, sagt: „Alles ist Gott, Natur, Menschen, Tiere, die Planeten, alles ist Gott, aber auch gut und schlecht ist Gott." Ich brauche nicht auf das Schlechte zu schauen. Wenn mir etwas Unangenehmes passiert, kommt mir im selben Moment der Gedanke, das ist zwar nicht sehr angenehm, aber für das andere wird es viel-

leicht gut sein. Alles ist zu etwas gut. Das glaube ich. Auch das Schlechteste ist zu etwas gut.

Das ist aber schwer zu glauben, wenn man Ihre Lebensgeschichte kennt.
Gerade deswegen. Ich sage Ihnen, als mein Sohn gestorben ist, haben wir seine Selbstbiographie gefunden. Er schreibt, viele wissen, dass er mit mir als Fünfjähriger im Konzentrationslager war, aber er sagt, er hat gute Erinnerungen. Die Kinder durften nicht lernen, aber sie haben miteinander gespielt. Und er war wunderbar musikalisch. Als wir angekommen sind in Theresienstadt, hat man ihn am nächsten Tag schon engagiert, in der Kinderoper „Brundibar" mitzusingen. Er war der Spatz. Und außerdem ist er in die Konzerte gegangen, manchmal sogar allein. Für mich als Musikerin war es ein unerhörtes Glück, ein solches Kind aufzuziehen. Mit zehn Jahren war er ein herrlicher Pianist. Als wir aus Theresienstadt zurückkamen, da war er acht, sind wir fast jeden Tag ins Konzert gegangen. Er hat immer zugehört wie ein Musiker, nicht wie ein Musikliebhaber. Einmal war ich mit ihm in einem Konzert eines Cellisten. Da sagte er mir: „Ich muss Cello lernen." Von dem Tag an hat er Cello gelernt. In der dritten Stunde, die er hatte, hat er schon Bach gespielt.

Ihr Sohn war in jeder Hinsicht das größte Geschenk Ihres Lebens?
Die Musik und mein Sohn. Ich glaube, es gibt wenige Menschen auf der Welt, die so ein herrliches Leben hatten wie ich. Nämlich mit dem Temperament, immer das Gute sehen, immer zufrieden, immer kompromissbereit. Wenn es nicht so ist, wird es so sein. Die meisten Menschen sind außer sich, wenn sie sich für Veränderungen entscheiden sollen. Das hat es bei mir nie gegeben. Aber so ist man geboren, man kann nichts dafür. Die Welt ist herrlich, phänomenal. Wir sind umgeben von Wundern. Wir selbst sind ein Wunder. Das größte Wunder ist ein Kind. Na, und die Technologie ist eigentlich auch ein Wunder. Dieses E-Mail und das alles ist eigentlich ein Wunder. Ich verstehe ja nicht einmal unser Telefon. Und auch die Sprachen sind ein Wunder.

Sie sprechen mehrere Sprachen.
Fünf. Zwei Muttersprachen, Deutsch und Tschechisch, dann haben wir mit 14 Jahren Französisch gelernt, bei einer hervorragenden Lehrerin. Englisch kann ja jeder Mensch, ganz ohne Grammatik, eine lächerliche Sprache, finde ich. Mit 45 habe ich Hebräisch gelernt, das war meine größte Errungenschaft.

Sie haben sich in Ihrem Leben ein paar Mal umstellen müssen.
Sehr schwer, wahnsinnig schwer manchmal. Aber es gibt Kraft, man wird viel reicher als andere Leute, die nichts miterlebt haben.

Wo sind die Schätze im Menschen angesiedelt?
In der Seele, in our mind, sagen die Engländer. Na, ich hatte einige Hunderte Schüler, schon bevor ich nach Israel kam. Ich habe sehr gern unterrichtet. In Israel hatte ich auch viele arabische Kinder. Der Goethe sagt, wir müssten von Kindern lernen, wie zu leben. Wie sie fragen, wie sie die Welt entdecken.

Haben Sie sich etwas Kindliches bewahrt?
Ich glaube, ja. Ich liebe Kinder und sie lieben mich.

Worauf kommt es an mit Kindern?
Dass man sie gern hat. Man muss nichts Besonderes machen.

Alice Herz Sommer erzählt, dass sie gerne das Spiel Scrabble spielt. Dieses Spiel habe auch den Vorteil, dass man mit Menschen, mit denen man sich nicht so viel zu reden weiß, gut unterhalten kann und dabei nicht viel reden muss. Mehrmals in der Woche

besucht Alice Herz Sommer auch die „University of the third age", wo sie Vorlesungen in Philosophie, Geschichte und Altes Testament belegt.

Wir wissen ungeheure Dinge, aber woher wir kommen und wohin wir gehen, das wissen wir nicht.

Die meisten Menschen legen sich deshalb etwas zurecht. Was ist Ihnen die plausibelste Erklärung?
Das, was Spinoza sagt. Alles ist ein Wunder, ich nehme nichts als selbstverständlich. Auch das Schlechte ist wichtig. Wir wüssten sonst nicht, was gut ist.

Die Frage stellt sich für Menschen, weil das Leben begrenzt ist. Sind das für Sie feste oder durchlässige Grenzen?
Feste Grenzen. Die größten Philosophen wissen nicht, was nachher ist. Ich meine, es ist nichts nachher. Man wird vielleicht ein Wurm oder eine Pflanze. Aber das Bewusstsein ist nicht mehr. Wenn nichts mehr arbeitet in unserem Körper, ist kein Bewusstsein mehr.

Die Religion geht immer davon aus, dass Gott das große Bewusstsein ist, von dem sich unser kleines Bewusstsein herleitet. Das ist für Sie keine Vorstellung?
Nein, für mich nicht. Keiner ist noch zurückgekehrt von den Toten.

Was bedeutet das für Ihr eigenes Sterben?
Das eigene Sterben ist mir ganz egal. Mein Sohn - deswegen habe ich diese vielen Bilder, da lebt er weiter. Ich spreche nur mit wenigen Menschen über ihn. Wenn ich viel von ihm reden würde, würde mich keiner mehr besuchen. Die Menschen hören das nicht gern.

Wieso?
Weil wir uns fürchterlich fürchten vor dem Tod.

Ihr Sohn ist während einer Konzertreise in Israel gestorben.
Ja, am Dienstag war das letzte Konzert, er kam ins Hotel, hat sich nicht wohl gefühlt, seine Frau hat den Arzt gerufen, der hat ihn ins Hospital gebracht, man wollte am Herzen operieren, man hat die Anästhesie gemacht, aber er ist nicht mehr aufgewacht. Er war noch nicht 65. Er hat noch nicht gewusst, was Altsein heißt. Die längste Zeit unseres Lebens sind wir alt. Von 50 an geht es bergab. Wenige Menschen sind dazu imstande, das zu genießen und auszunutzen. Besonders in meinem Alter ist das Altsein sehr schwer. Wirklich. Dazu gehört eine ungeheure Disziplin.

Was macht das Altsein schwer?
Vor allem das Gedächtnis. Also ich lerne noch neue Sachen für die Kammermusik, aber das geht nur langsam. Namen merkt man sich nicht. Man geht in die Küche und weiß nicht mehr, was man da wollte. Ich erinnere mich an vieles nicht. Junge Leute lachen über die alten, irgendwie. Auch in der Literatur lacht man über alte Leute sehr viel. Aber trotzdem ist es herrlich.

Wenn man so alt ist wie Sie, kommt man in einen doppelten Bewusstseinszustand?
Eigentlich ja.

Man kann an sich selbst beobachten, wie sich der physische Abbau vollzieht.
Ja. Zum Beispiel, ich bin Pianistin, diese zwei Finger sind in den letzen fünf Jahren so, dass sie machen, was sie wollen, und nicht, was ich will. Da bin ich manchmal sehr deprimiert. Da muss ich mich trösten: „Das ist das Alter, das ist nicht deine Schuld."

Aber es gelingt Ihnen noch, sich selbst zu trösten.
Ja, natürlich. Das Leben ist herrlich.

Was haben Sie besonders herrlich gefunden?
Natürlich, dass mein Sohn so herrlich war. Ich

hätte zehn Mal heiraten können, mein Mann ist nicht zurückgekommen, er wurde nach Dachau geschickt. Ich war allein mit dem Kind. Aber es kam nicht in Betracht. Er war alles. Er war mein Mann, er war mein Kind, er war mein Freund. Er hatte die Verantwortung.

Wie konnten Sie denn ohne dieses Zentrum, das Ihr Sohn für Sie war, weiterleben?
Das ist sehr schwer. Durch die Disziplin. Ich bin sehr oft draußen herumgelaufen, dort habe ich geweint. Ich wollte andere damit nicht belasten. Das ist meine Angelegenheit. Außerdem denke ich mir, solange ich lebe, lebt er auch, in gewissem Sinne, durch meine Gedanken, meine Gefühle. Wenn ich spiele, denke ich an ihn. Es ist schon zu etwas gut, dass ich noch da bin.

Sie waren schon 98, als er gestorben ist. Da wäre auch die Reaktion denkbar: „Jetzt mag ich auch nicht mehr. Jetzt will ich auch sterben."
Nein, nein. Das ist eben das Merkwürdige, ich war nach seinem Tod sehr krank. Ich weiß nicht, was das war. Man hat mich operieren müssen, und ich habe merkwürdigerweise nicht daran gedacht, dass ich vielleicht einen Krebs habe oder so etwas. So, jetzt genug von den traurigen Sachen.

Alice Herz Sommer lenkt das Gespräch um und befragt nun die Fotografin und mich über unser persönliches Leben. Sie will alles genau wissen. Sie erzählt von ihrem Mann, den sie als musische Seele bezeichnet. Zwölf Jahre waren die beiden verheiratet.

Das Wichtigste im Zusammenleben von Mann und Frau ist nicht Sex, sondern Respekt. Das ist der Maßstab. Wenn man den Respekt nicht mehr hat, kann es nicht mehr gut sein. Die Frau muss den Mann, aber auch der Mann die Frau gleichermaßen respektieren.

Jeden Morgen kommt eine Pflegehelferin, die Frau Herz Sommer beim Waschen und Aufstehen hilft. Die Helferin geht auch für sie einkaufen. In einem großen Topf kocht Alice Herz Sommer eine Hühnersuppe mit viel Gemüse. Diese Speise isst sie nun, gesunde Ernährung hin oder her, schon seit dreißig Jahren jeden Tag. „Wunderbar", meint sie. Dann lenkt sie selbst das Gespräch auf ihren Aufenthalt in Theresienstadt.

Schon bevor ich hin kam, habe ich gewusst, man musiziert dort. Es wurde von Judenältesten geleitet. Einer hat mich als Pianistin gekannt. Ich habe in diesen zwei Jahren in Theresienstadt mindestens hundert Konzerte gehabt. Die Konzerte waren im Rathaussaal. Dieser Saal hat vielleicht 150 Leute gefasst. Im Winter war es in dem Saal sehr kalt, da haben wir mit Mütze und Mantel Beethoven und Chopin gespielt.

Wer waren die Zuhörer?
Juden. Es waren Nazis dort, die uns bewacht haben. Aber die Juden sind zu den Konzerten gekommen. Die meisten waren arm, leidend, halb tot, unglücklich. Aber das war für sie so wie für uns, dass wir davon gelebt haben. Wir haben nicht viel zu essen gehabt. In der Früh ein schwarzes Wasser, das war Kaffee, mittags ein weißes Wasser, das war Suppe, und abends wieder ein schwarzes Wasser. Man war Haut und Knochen. Mein Sohn ist nicht einen Millimeter gewachsen und hat kein Gramm zugenommen. Aber der Mensch braucht vielleicht gar nicht so viel Essen.
Das Geistige ist ungeheuer wichtig für den Menschen. Wenn wir abends gespielt haben, waren wir direkt glücklich. Vielleicht waren wir damals glücklicher als im normalen Leben ohne Nazis und ohne Hitler. Diese Musik ist ein Zauber. Ich würde sagen, es bringt uns näher zu Gott. Es bringt uns von dieser Erde hinauf irgendwohin.

Interessant, dass Sie in diesem Zusammenhang den Begriff Gott verwenden.

Na, etwas, jemand muss das arrangiert haben. Ich habe manchmal meine Lieblingssonate von Schubert gespielt, in B-Dur, und da kam mir manchmal mitten drinnen der Gedanke, ich bin überzeugt, wenn der Hitler da sitzen würde und diesen Schubert hören könnte, er würde sich ändern, er würde besser werden. Wenn man schon von Gott spricht, Beethoven ist für mich Gott. Das ist nur herrlich. Der ist unbeschreiblich. Man muss der Menschheit alles Schlechte verzeihen, wenn aus ihr Beethoven geboren wurde.

Aber Hitler war ein großer Wagner-Liebhaber, trotzdem hat das nichts genützt.
Das ist richtig. Politik hat nichts damit zu tun.

Man macht im Gegenteil Wagner und seiner Musik den Vorwurf, das deutsche Heldenpathos und das Germanentum sogar befördert zu haben.
Wagner war eines der größten Genies, die je geboren wurden. Da ist gar kein Zweifel. Ich verehre den Wagner. Er war sehr judenfeindlich, aber das ist wieder eine andere Sache. Der Hitler war ein Narr. Er war mentaly ill. Ich nehme es dem deutschen Volk, das mit ihm gegangen ist, das nicht erkannt hat, dass das ein Wahnsinniger ist, mehr übel als ihm. Wenn ich jemand etwas übel nehme. Alle Menschen machen Fehler.

Ist für Sie zwischen dem deutschen Volk und dem, dass Sie selbst jüdisch sind, ein Unterschied?
Nein, überhaupt nicht. Wir sind alle gleich. Nämlich alle fürchten wir uns fürchterlich vor dem Tod. Das ist, was wir alle gemeinsam haben. Das ist die einzige Gerechtigkeit im Leben.

Als was haben Sie sich als Kind gefühlt?
Wenn wir von der Schule gekommen sind, haben wir manchmal gefragt: „Mutter, was sind wir eigentlich? Sind wir tschechisch, deutsch oder jüdisch?" Hat die Mutter gesagt: „Ich weiß nicht." Sie hat Recht gehabt. Das einzige, woran ich mich erinnere, ist, dass mein Vater einmal im Jahr zum Versöhnungstag in den Tempel gegangen ist. Wir wurden überhaupt nicht religiös erzogen.

Aber die Familie hat sich immer als jüdisch verstanden?
Ja, ja.

Viele jüdische Bürger versuchten ja besonders gute Österreicher oder besonders gute Deutsche zu sein, um diesen „Makel" wegzubringen. Das hat aber eigentlich nichts genützt.
Antisemitismus wird, glaube ich, immer sein.

Warum?
Weil die Juden anders sind als die anderen. Alles, was anders ist, hat man nicht gern.

Wenn Sie sagen, Antisemitismus wird es immer geben, ist das doch eine pessimistische Aussage.
Das ist ein Faktum. Auf der anderen Seite bewundere ich, dass die Juden seit 3000 Jahren ihre Religion haben. Sie bleiben mit einer ungeheuren Hartnäckigkeit dabei. Und was ich sehr bewundere: den unsichtbaren Gott. Das ist etwas Großartiges. Da habe ich schon viele gefragt, wie sind sie auf die Idee gekommen, einen Gott, den man nicht sieht, zu verehren. Mir hat das sehr imponiert.

Wenn Sie heute vom Holocaust erzählen, ist diese Zeit für Sie dann noch nahe oder weit weg?
Weit weg.

Wann haben Sie begonnen, darüber zu sprechen?
Als ich nach Israel gekommen bin im 1949er Jahr, habe ich mir vorgenommen, mit keinem Menschen darüber zu reden. Das ist eine versunkene Welt, jetzt fangen wir ein neues Leben an. Hauptsächlich wegen meines Sohnes, denn ich wollte ihn erziehen ohne Hass. Hass ist das Ärgste, was in uns Menschen sein kann. Und

das ist mir gelungen. Ich selber hasse nicht und mein Sohn natürlich auch nicht. Meine besten Freunde leben in Deutschland.
Als ich aus dem Konzentrationslager nach Prag zurückgekommen bin, war der Kommunismus, Stalin. Ich sage Ihnen, wer das nicht weiß, was das heißt! Es war manchmal ärger als der Hitler. Katastrophal. Dann bin ich nach Israel. Fünf Kriege waren in Israel, aber Demokratie. Die Leute hier haben keine Ahnung! Man kann denken, man kann lesen, man kann schreiben, man kann fühlen, was man will. Herrlich!

Sie haben den Kommunismus schlimm erlebt?
Katastrophal! Man fürchtet sich, vor dem besten Freund etwas zu sagen, weil man Angst hat, man wird angezeigt, man kommt ins Gefängnis. Und mit meinem Jungen, ein Kind fragt so viel!

1949 reist Alice Herz Sommer mit ihrem Sohn nach Israel aus. Nach einer beschwerlichen Bahn- und Schiffsreise kommt sie in Jerusalem an. In der ihr eigenen Art nützt sie sofort die Chancen, die sich bieten. Sie unterrichtet an der Musikakademie als Lehrerin und gibt zahlreiche Konzerte als Pianistin.

Was hat Ihre Interpretation als Pianistin charakterisiert?
Ich glaube, da gibt es nur ein Wort: sehr natürlich. Ich habe nicht sehr originell sein wollen. Ich habe dem Komponisten gedient. Ich wollte tun, was in den Noten steht, aus Respekt vor dem Komponisten. Ich bin auch als Mensch natürlich. Ich glaube, meine hervorstechendste Eigenschaft war, dass ich besessen war von der Arbeit, und ich bin es noch jetzt. Ich finde, Arbeit ist ganz wunderbar. Man ist noch im Bett und freut sich schon darauf. Wenn man es nicht hätte, wäre man doch ein armer Teufel. Mir tun Leute Leid, die acht Stunden am Tag machen müssen, was sie gar nicht interessiert, nur damit sie das Geld verdienen. Das ist sehr arm.

Sie spielen noch jeden Tag Klavier?
Ich habe einen Geiger, der kommt zwei Mal im Monat, ein wunderbarer Musiker, er heißt Toni, seine Frau Paula. Das sind entzückende Menschen. Und da bereite ich mich immer vor. Meine Schwiegertochter spielt manchmal mit, sie ist Cellistin.

Wann sind Sie in Pension gegangen?
Als ich Israel verlassen habe, war ich 84, und da war ich noch voll beschäftigt. Die Direktorin hat mich gebeten: „Um Gottes willen, gehen Sie nicht weg." Die Schüler sind gern zu mir gekommen. Ich war populär und voll beschäftigt.

In London hatten Sie keine Schüler mehr?
Nur mehr zwei, drei Schüler, aber ich war mit den Enkelkindern beschäftigt.

Worauf kommt es an, damit man musikalisch gut wird?
Darauf bin ich erst in meinem hohen Alter gekommen: Der Charakter ist das Ausschlaggebende im Leben eines Menschen, nicht seine Begabung. Das Temperament. Der Wille. Wissen Sie, und das habe ich auch gelernt: Es gibt eigentlich wenig schlechte Menschen. Es gibt schwache Menschen. Leute, die schlecht sind, sind es aus Schwäche oder Feigheit. Sie können sich nicht entscheiden.

Können wir noch einmal über Theresienstadt reden? Ihre Schwestern sind noch vor dem Krieg weg aus Prag.
Ja, sie sind mit dem letzten Transport aus Prag weg. Am nächsten Tag ist Hitler schon in Prag einmarschiert.

Warum sind Sie geblieben?
Damals musste man ein Dokument für die Ausreise haben, und das kostete sehr viel Geld. Meine Schwestern hatten das Geld, ich aber nicht. Meine Mutter war außerdem noch da. Sie

war schon alt, 72. Ich konnte mir nicht vorstellen, dass ich weggehe und sie bleibt. Der Junge war zwei Jahre alt, als Hitler kam. Ich bin jeden Tag mit dem Kind zu meiner Mutter. Im 42er Jahr wurde sie weggeschickt mit dem Rucksack am Rücken. Das ist unvergesslich. Fürchterlich. Dann kamen die Judengesetze. Man musste die Wohnungen verlassen und in einem bestimmten Stadtteil wohnen, einige Familien zusammen in einer kleinen Wohnung, was sehr schwer war. Mein Mann, mein Kind und ich blieben durch Zufall in dem Haus, wo wir gewohnt haben. Wir wurden nicht in das Ghetto geschickt. Über uns war ein Mann, ein Nazi, Hermann hieß er, unter uns war auch ein Nazi. Ich glaube, mein Junge hat mit dem Kind von dem Hermann auf der Straße gespielt. Jedenfalls, meine Mutter wurde eines schönen Tages abtransportiert, was für mich der tiefste Punkt meines Lebens war. Die Reaktion auf dieses fürchterliche Ereignis war, dass ich nicht gegessen habe, nicht geschlafen habe, ich hatte eine Depression. Ich sehe mich noch zu unserem Haus hinuntergehen. Und plötzlich bleibe ich stehen und eine innere Stimme sagt mir: „Jetzt kannst nur du allein dir helfen, kein anderer, nicht einmal das herrliche Kind." Und in demselben Moment kam mir der Gedanke: die 24 Etüden von Chopin. Jeder Pianist hat, Maximum, die Hälfte davon in seinem Programm. Die Etüden sind noch jetzt das Schwerste, was für Klavier komponiert wurde. Und es fordert eine unerhörte Arbeit. Ich bin nach Hause und bin von neun bis vier, fünf Uhr gesessen und habe geübt, geübt, durch Monate. Vielleicht war es ein Jahr. Diese 24 Etüden. Es hat mir geholfen. Diese Arbeit hat mich so absorbiert. Dann kam der Tag unseres Wegschickens, im Juli 43. Mein Mann war angestellt in der Jüdischen Kultusgemeinde. Mit einer Gruppe von Männern haben sie die Transporte nach Theresienstadt organisiert. Wir waren im letzten Transport, der von Prag weg ging. Und wir sitzen am Abend - am nächsten Tag mussten wir um fünf Uhr früh an einem bestimmten Ort sein - im Dunkeln. Ich wollte, dass der Junge noch die letzte Nacht in seinem sauberen Bett schlafen kann. Es war dunkel und die Tür war angelehnt. Da kamen Tschechen, die in dem Haus gewohnt haben, herein. Sie haben uns nicht gegrüßt und haben alles weggeschleppt, was nicht niet- und nagelfest war. Bilder, Teppiche. Mein Mann ist gesessen und hat gesagt: „Was sagst du dazu?" Und in dem Moment kommt der Nazi, der Hermann, mit seiner Frau, er nimmt meine Hand und sagt: „Frau Sommer, ich sehe, Sie sind vor dem Wegschicken. Ich wünsche Ihnen das Beste." Sie haben mir Kekse gebracht und Sachen, die nicht verderben. Diese Deutschen waren die einzigen Menschlichen in dieser Situation. Das ist unbeschreiblich. Dann sind wir weggeschickt worden. Von meiner Mutter habe ich nie mehr etwas gehört. Nie mehr. Wo sie gestorben ist, was mit ihr geschehen ist, nichts. Aber von meinem Mann habe ich gehört. Einige Monate nach Kriegsschluss kam ein Mann nach Prag, der mit ihm in Dachau war und ihn gekannt hat, und da hat er mir den Löffel gebracht, mit dem mein Mann gegessen hat. Den habe ich hier.
Aber die Jüdische Kultusgemeinde hat sich fabelhaft zu uns Rückkehrern benommen. Überhaupt, die Juden aus der ganzen Welt haben uns Kleider für die Kinder geschickt, Geld. Sie haben sich sehr um uns bemüht.

Haben Sie gewusst, als Sie 39 geblieben sind …?
... wir haben nichts gewusst. Wir waren schon in Theresienstadt und haben nichts von Auschwitz gewusst.

Was hat man von Theresienstadt gewusst?
Man hat uns beschrieben, wie es dort ist. Die Männer haben sehr viel gearbeitet. Man hat nicht gewusst, dass man nachher von dort weggeschickt wurde. Erst nach einem Jahr, als mein Mann schon weggeschickt worden war, hat man

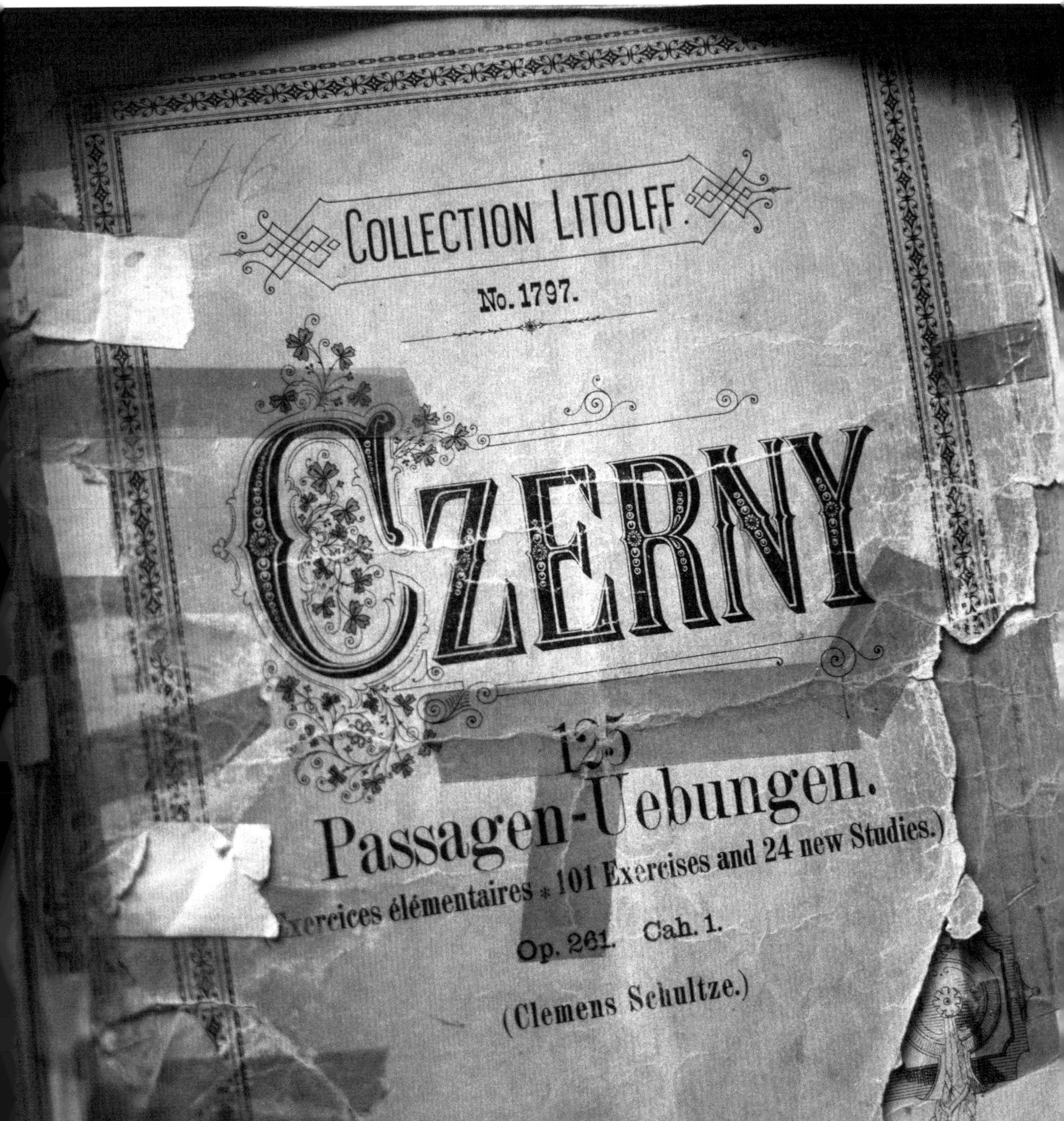
COLLECTION LITOLFF.
No. 1797.
CZERNY
125
Passagen-Uebungen.
(Exercices élémentaires * 101 Exercises and 24 new Studies.)
Op. 261. Cah. 1.
(Clemens Schultze.)

gewusst, dass sie nicht mehr zurückkommen. Ich will aber nicht auslassen, zwei ganz besonders fürchterliche Dinge zu beschreiben. Mein Mann wurde am 9. Oktober 44, ein Jahr vor Kriegsende, zusammen mit tausend anderen nach Dachau geschickt. Wir sind zurückgeblieben, Frauen und Kinder. Wir mussten uns am nächsten Tag zu einer Arbeit in einer Wäscherei melden. Da mussten wir schon um vier Uhr Früh weggehen, um dort zu sein. Der Junge hat sehr gelitten, dass mein Mann weg war. Und jetzt musste ich ihn dort lassen in der Wohnung. Er hat gesehen, dass ich sehr unruhig war, und er hat auf einmal geweint und Fieber bekommen. Er war krank vor Aufregung. Er war sieben Jahre alt. Er sagte: „Jetzt bin ich allein in der Welt." Das war ganz fürchterlich. Eine alte Frau hat mir versprochen, sie wird sich um das Kind kümmern und ihn um acht Uhr in das Kinderheim bringen, wo er immer war. Und eine andere Situation war, da mussten wir, Frauen und Kinder, weit außerhalb des Ghettos stehen bleiben und stundenlang warten. Wir haben nicht gewusst, was man machen soll. Plötzlich kommt ein SS-Mann und sagt: „Aufstehen und zehn Leute in eine Reihe stellen." Also ich habe gedacht, das ist das Ende meines Lebens. Ich nehme das Kind bei der Hand, wir stehen in der Reihe und warten. Jetzt ist Schluss, jetzt werden wir erschossen. Ich habe mich nicht gefürchtet. Was ich mich erinnere ist, dass ein schwarzer Vorhang vor meinen Augen herunter gekommen ist. Das hat lange gedauert. Plötzlich hören wir Stimmen in tschechischer Sprache: „Zurück ins Ghetto!" Also, das Ghetto wurde zum Paradies. Plötzlich wurde das fürchterliche Ghetto zum Paradies.

Wo war Ihr Mann im Ghetto?
Die Männer waren extra. Die Männer haben wir einmal am Tag gesehen zwischen sechs und halb acht. Da hat er sich meistens mit dem Jungen beschäftigt. Ich auch, ich habe ihn lesen, schreiben, rechnen unterrichtet.

Macht man sich in dieser Situation Gedanken, welche Zukunft einen erwartet?
Nein. Ich als Optimistin glaube an das Gute. Ich werde meinen Sohn unterrichten, werde ihm vorlesen, solche Sachen habe ich gedacht. Unter den Umständen das Beste herausziehen, was da ist. Aber die Menschheit um mich herum war fürchterlich. Die Frauen haben nach einigen Monaten die Menstruation verloren.

Ich stelle mir vor, dass es auch viele Gerüchte gegeben hat, was passieren wird. Konnten Sie Gerüchte einfach wegschieben?
Ich war, wie gesagt, immer sehr heiter. Mein Junge erinnerte sich nie an eine weinende oder nervöse Mutter in dieser Zeit. Ich bin mit einem wunderbaren Temperament geboren. Die wenigsten Menschen haben ein solches Temperament. Die meisten fürchten sich.

Wie war das, als Ihr Mann weggebracht wurde?
Er hat mir das Ehrenwort abgenommen: „Du darfst nichts freiwillig machen." Wie er auf diese Idee gekommen ist, noch jetzt verstehe ich es nicht. Er hat uns das Leben gerettet. Am Montag wurde sein Transport geschickt. Zweimal die Woche wurden Tausende Menschen weggeschickt. Und die Frauen, die zurück geblieben sind, haben sich freiwillig gemeldet nach dem Motto: „Den Männern nach". Ich habe mich nicht gemeldet, weil ich es meinem Mann versprochen hatte. Und so bin ich dort geblieben.

Haben Sie gewusst, wo Ihr Mann hingeht?
Nein, das haben wir nicht gewusst.

Wie nimmt man in einer solchen Situation Abschied?
Schwer, aber das Kind war da. Für meinen Mann und mich war das Kind das Wesentliche. Ich muss für das Kind sorgen, ich habe eine Aufgabe hier. Nach dem Krieg, die wenigen Frauen, die zurück gekommen sind und Kinder verloren hatten im Krieg, waren viel betroffener als ich, die

ich den Mann verloren hatte. Mein Kind ist mir geblieben.

Sie glauben, dass Ihnen Ihr Kind Kraft gegeben hat?
Gar kein Zweifel. Bis jetzt noch, wenn ich an ihn denke. Ich muss da sein. Solange ich da bin, lebt er auch.

Wann haben Sie erfahren, dass Ihr Mann gestorben ist?
Einige Wochen später, da war ich noch im Ghetto. Erst als der Mann mit dem Löffel gekommen ist, war es endgültig bestätigt. Sie sind alle an Flecktyphus gestorben.

Der Tagesablauf im Ghetto war streng geregelt. Alice Herz Sommer arbeitete in einer Lederwarenfabrik. Eine halbe Stunde täglich konnte sie Klavier spielen. Fast jeden Abend spielte sie vor Publikum, manches Programm zehnmal hintereinander. Einmal, erzählt sie, hat sie in Theresienstadt auch gestohlen. Ein Stück Brot für ihren hungrigen Sohn.

Ihr Sohn erzählte über seine Erlebnisse in Theresienstadt, dass er nicht das Gefühl hatte, ein Trauma erlebt zu haben.
Überhaupt nicht. Er hat das in seiner Selbstbiografie geschrieben, dass er es für ein Wunder hält, dass seine Mutter imstande war, das Kind durchzukriegen durch diese schwere Zeit und das Kind hat keine schlechten Erinnerungen. Die Psychologin hat zu mir gesagt: „Sie haben das zustande gebracht." Wahrscheinlich hat sie Recht. Ich bin unschuldig, so bin ich geboren.

Was löst es bei Ihnen aus, wenn Sie hören, dass es wieder junge Menschen gibt, die mit dem Nationalsozialismus sympathisiert haben?
So ein Hitler kann überall vorkommen, ein Geisteskranker kann überall vorkommen. Wir werden geboren mit Hass, das Kind kommt aus dem Bauch schon mit Hass. Im Kindergarten, wenn einer einen Ball hat und der andere nimmt ihm den weg, schlägt der schon. Die Menschen sind im Zorn erschaffen, hat einer gesagt. Ich verstehe die Familien dieser Nazis, denn wenn einer nicht in die Partei gegangen ist, hat er seinen Posten verloren. Er musste seine Familie ernähren. Ich verstehe alles, das ist alles menschlich. Wir sind nur Menschen. Wir sind gut und schlecht, 50 Prozent gut und 50 Prozent schlecht. Die Frage ist, wie man mit dem Schlechten fertig wird.

Welche Strategien haben sich aus Ihrer langen Lebenserfahrung im Umgang mit dem Schlechten bewährt?
Alles Schlechte hat etwas Gutes, meine ich, oder zumindest lernt man etwas daraus. Als ich diese fürchterliche Operation hatte nach dem Tod meines Sohnes, habe ich gelernt, wie herrlich manche Schwestern sind dort in dem Krankenhaus. Wie besonders einer, ein junger Filipino, sich zu mir benommen hat, das ist unbeschreiblich. Es sind herrliche Menschen auf der Welt. In schlechten Situationen merkt man eigentlich erst, wie herrlich die Menschen sind. Absurd, aber es ist so.

Können Sie sich an die Befreiung von Theresienstadt am 9. Mai 1945 erinnern?
Wie die Russen gekommen sind? Das war eigentlich tragikomisch. Am 9. Mai war das. Man hörte Geschrei auf der Straße. Mein Kind hatte damals Masern im Darm. Es hat ihm wehgetan. Kurz und gut, ich habe ihn eingepackt in eine Decke und renne auf die Straße mit ihm und sehe die Autobusse mit der roten Fahne. Wir haben schon einige Wochen vorher gewusst, dass der Hitler den Krieg verloren hat, und wir haben schon etwas erwartet. Aber das Eigenartige war – warum das geschehen ist, weiß ich nicht –, es sind gleichzeitig auch Leute aus der Irrenanstalt herausgekommen und sind im Pyjama herumgelaufen. Das war eigenartig. Mein Bruder, der eine Nicht-Jüdin zur Frau hatte, war drei Monate in

Theresienstadt. Als er diese Autos gesehen hat, ist er aufgesprungen und nach Prag zurückgefahren. Wir, die wir dort geblieben sind, hätten mit dem Zug nach Prag fahren können, sind aber nicht gefahren, weil uns gesagt wurde, es sei eine Epidemie in Prag. Ich habe dann den Jungen genommen und bin mit ihm ins Dorf gefahren und habe dort schwer gearbeitet. Nach ein paar Wochen sind wir normal zurückgefahren. Mein Bruder hat uns empfangen, wir haben bei ihm gewohnt, endlich in einem normalen Bett mit sauberem Bettzeug. Der Junge war verzaubert von der elektrischen Tramway. Er war glücklich. Na, dann haben wir eine winzige Wohnung bekommen, und dort war es sehr gut.

Sie hatten auch Ihr ganzes Vermögen verloren. Haben Sie je versucht, etwas zurück zu bekommen?
Nein, ich habe mich nie interessiert. Ich habe immer als Lehrerin genug Geld verdient. Wenn jemand etwas gut kann, hat er ein leichtes Leben. Wenn Sie wirklich etwas können, ist alles leicht. Habe ich Recht?

Alice Herz Sommer erzählt, dass sie in der Nacht viel liest. Seit ihrer Kindheit schon könne sie längstens drei Stunden schlafen. Es mache ihr aber nichts. Dann lese sie eben oder höre Musik. Müde werde sie deswegen tagsüber nicht.

Mit welchem Blick sehen Sie heute auf Prag nach den vielen Jahren in Israel und nun schon wieder 20 Jahren in London?
Ich muss sagen, Prag ist schon entfernter von mir, Israel eigentlich auch. England – ich bin ihnen sehr dankbar, dass sie mich so brav und so tolerant aufgenommen haben. Die Musik, die Kunst ist eigentlich das, wo ich mich zugehörig fühle.

Haben Sie einen Wunsch, wo Sie begraben werden möchten?
Bei meinem Sohn, selbstverständlich, hier in London. Da ist ein Friedhof, wo Menschen aller Religionen begraben sind, Juden, Christen, Moslems. Das ist sehr gut. Und man wird aus dem Schubert-Quintett in C-Dur spielen, das Herrlichste, was jemals komponiert wurde.
Ich habe ein sehr gutes Gefühl. Ich habe meine Pflicht getan, ich habe sehr viel Freude gehabt und vielen Freude gemacht, glaube ich. Das ist ein gutes Gefühl, ein gutes Gewissen, sozusagen.

Es ist nichts offen geblieben.
Nein, gar nicht.

Sie können nur nach vorne schauen.
Eigentlich ja.

Das Gespräch mit Alice Herz Sommer wurde am 29. April 2005 in London geführt.

Ich bin kein Herr, bin nie einer gewesen.

Hans Hügli, Schweizer Knecht, geboren 1904

Im Dienstbotenheim von Koppigen bei Bern in der Schweiz war Hans Hügli so etwas wie ein Star. Eine natürliche Autorität, erzählt man. Hans Hügli lebt heute im Pflegeheim St. Niklaus, unweit des Dienstbotenheimes. In einem Dreibettzimmer gehört eine kleine Nische mit Bett und Kasten ihm. Margrit Gasser, die Pflegedienstleiterin, begrüßt Hans Hügli: „Guten Morgen, Herr Hügli. Wie geht es Ihnen heute? Sie haben Besuch, Herr Hügli." Doch der solcherart Angesprochene wehrt ab: „Ich bin kein Herr, ich bin nie einer gewesen." Hans Hügli war Knecht bei Bauern. Einer, der es nie zu etwas Eigenem gebracht hat. Kein Herr. Aber einer, dem man Respekt zollt. Bis heute. Gehen und hören fällt ihm schon etwas schwer, und manchmal, erzählt Frau Gasser, sei er auch schon etwas verwirrt. Hans Hügli setzt sich zu uns an den Tisch.

Das Niedersetzen funktioniert ja noch ganz gut.
Ich bin zufrieden. Es muss gehen.

Sie sind schon 101 Jahre alt. Wo sind Sie geboren?
Also in Seeberg bin ich geboren, im Berner Unterland.

Wie viele Kinder waren Sie daheim?
Wir waren unserer acht, oder sogar neun? Der Vater hat in der Fabrik gearbeitet, wir hatten ein kleines Bauerngut dazu. Zwei, drei Kühe, manchmal sogar vier. In der Fabrik konnten wir etwas Milch an die Arbeiter verkaufen. Das hat die Mutter gemacht.

Haben Sie immer genug zu essen gehabt?
Wir hatten eine gute Mutter. Die hat gut auf uns geschaut. Der Vater hat schon um halb sieben in der Fabrik angefangen. Wir mussten in die Schule gehen. Mittags haben wir ihm in die Fabrik ein Mittagessen gebracht.

Sie sind dann Knecht geworden bei den Bauern?
Nach der Schule bin ich zu den Bauern als Knecht gekommen. Bis in die neunte Klasse bin ich gekommen. Wir konnten daheim keine großen Sprünge machen. Schon während der Schulzeit mussten wir fest mithelfen. Die Kühe daheim mussten auch versorgt werden.

Haben Sie immer gern mit Tieren gearbeitet?
Ja, ich bin so aufgewachsen. Ich bin immer anhänglich gewesen zu den Tieren. Später hatte ich dann immer die Rösser über. Ich war der Rossknecht und bin mit den Fuhrwerken gefahren. Ich war gerne draußen an der frischen Luft. Aber heiraten habe ich nie können.

Hat Ihnen keine gefallen?
Es ist mir nicht gegeben gewesen. Und ein Bauernknecht hatte einen so kleinen Lohn, da konnte man keine Familie ernähren. Man musste schauen, dass man selbst durch kommt.

Haben Sie nie eine Freundin gehabt?
So weit bin ich nie gekommen. Ich habe mich halt immer gefragt, bringt man eine Familie durch oder nicht mit dem kleinen Lohn. 65 Franken hatte man im Monat. Davon hätte ich eine Familie ernähren sollen?

Wo sind Sie bei den Bauern gewesen?
Meistens nördlich von Burgdorf. Drei, vier Jahre war ich bei der gleichen Stelle, dann bin ich wieder in eine andere Stellung gegangen, wo es besser war. Mit der Zeit bin ich halt alt geworden. Beim Bauern Lisser in Burgdorf war ich länger. Am Anfang hat es mir dort auch nicht gut gefallen. Es gab sehr strenge Mägde dort. Dann hat die Bäuerin aber zu ihnen gesagt, sie sollen mich gut behandeln. Zuletzt war ich im Dienstbotenheim. Einmal habe ich den Verwalter vom Dienstbotenheim getroffen und zu ihm gesagt: „Ich wäre auch einer, der zu euch gehört." Da hat er mich angeschaut und gesagt: „Hast du dich angemeldet?" Sage ich: „Nein." An einem Ostermontag bin ich dann aufgenommen worden.

Das Dienstbotenheim in Koppigen ist ein Altersheim für Knechte und Mägde. Das Besondere dieses Hauses ist, dass es eine große Landwirtschaft hat, in der die Bewohner des Hauses mitarbeiten können. Die Aufgaben sind verteilt. Die einen sind für die Kühe zuständig, die anderen für das Futter, Hans Hügli war „Beerenchef" und für die Pferde verantwortlich. Fast 25 Jahre hat er im Dienstbotenheim gelebt.

War es eine gute Zeit im Dienstbotenheim?
Ja, sie haben gut auf uns geschaut. Ich habe viel mit den Pferden gemacht. Das ist gut gegangen.

Die Herta hatten Sie dort.
Ja.

Das war eine Stute.
Ja. Ich habe sie sehr gerne gehabt. Am Morgen

habe ich immer Arbeit gehabt mit dem Ross. Sie war sehr anhänglich, und ich war auch lieb mit ihr. Man darf ein Pferd nicht schikanieren, man muss im Gegenteil gut mit den Rössern sein. Sie war immer anhänglich.

Die Herta war aber ein besonderes Pferd, eine richtige Freundin für Sie.
Sie war das liebste Ross. Sie ist leider lahm geworden, weil sie sich am Fuß verletzt hat. Das Pferd hat mir so leid getan, sie hat mich angeschaut, sie hat Schmerzen gehabt. Der linke Fuß war eingebunden. Das Ross hat mich immer angeschaut, der Blick hat mir gesagt, sie hat Schmerzen. Wenn das Tier Schmerzen hat, kann man dem abhelfen. Der Mensch muss warten, bis die Stunde da ist. Dem Tier kann man helfen. Wie ich gesehen habe, dass das Ross solche Schmerzen hat, bin ich zum Chef und habe ihm gesagt, er soll mit ihr abfahren, sie gehört zum Metzger. Kurzum, er ist mir ihr gegangen. Sie hat mir so leid getan, aber was soll man tun? Sie sollte doch keine Schmerzen haben. Der Blick, den sie zuletzt gehabt hat, den vergesse ich nie. Mit dem Blick wollte sie mir sagen: „Hilf mir!" Aber schöne Zeiten habe ich auch gehabt. Als ich in Burgdorf war, habe ich drei Rösser gehabt. Mit denen habe ich viel Holz gearbeitet. Manchmal ist es spät am Abend gewesen, bis wir heimgekommen sind. Dann mussten wir die Rösser noch füttern. Aber es ist gut gegangen.

Wie war es denn früher bei den Bauern? Hat man es als Knecht gut gehabt?
Ja. Zum Essen haben wir genug gehabt. Da hat es nicht gefehlt. Aber arbeiten haben wir auch viel müssen. Ich habe die Arbeit immer gern gehabt. Auch beim Bauern in Burgdorf hatte ich einmal ein Pferd, das gemetzgert werden musste, weil es nicht mehr aufstehen konnte. Wenn auf einem Hof mit den Menschen gut umgegangen wurde, dann wurde auch mit den Tieren gut umgegangen.

Haben die Dienstboten mit den Bauern am gleichen Tisch gegessen?
Bei den meisten Leuten hat man am gleichen Tisch gegessen.

Was hat man früher gegessen?
Am Morgen hat es Rösti gegeben. Wenn sie gut gemacht waren, war man nachher satt. Zu Mittag gab es Suppe, Gemüse, aber Fleisch nicht alle Tage. Zum Abendessen gab es wieder Rösti. Ich bin überall gut ausgekommen. Es hat schon Stellen gegeben, wo nicht so gut gekocht wurde. Wenn sie den Schmutz in der Pfanne hatten, haben sie Wasser hinein geschüttet und so die Rösti gestreckt. Das war dann ein bisschen wässerig. Manchmal haben sie das Brot so dünn abgeschnitten, dass man fast durchgesehen hat.

Ist man manchmal Tanzen gegangen oder zu einer Unterhaltung?
Eine Zeitlang war ich im Männerchor. Da hatte ich eine schöne Zeit und bin fort gekommen. Ich war viel daheim. Am Abend hatte ich lieber das Bett, als noch fort zu sein.

Wann sind Sie aufgestanden in der Früh?
Im Sommer um vier, im Winter durfte es schon fünf werden. Am Abend bin ich um sieben, halb acht dann ins Bett gegangen. Man musste schauen, dass man ausgeschlafen ist.

War am Sonntag frei?
Nicht viel. Man ist schon in die Gastwirtschaft gegangen. Aber ich habe mir nicht viel aus Bier gemacht. Ich habe lieber am Abend daheim Zeitung gelesen. Bier gab es ohnehin nur am Sonntag. Sonst gab es während der Woche Most zu trinken. Wenn man etwas anderes wollte, musste man es sich selbst besorgen.

Was hat man mit dem Lohn gemacht?
Bis zum Monatsende ist nicht viel geblieben.

Man musste Kleider und Schuhe kaufen. In der Winterzeit brauchte man etwas Warmes.

Hans Hügli erzählt in breitem Berner Deutsch. Immer wieder kommt die Rede auf die Pferde. Er erinnert sich an die verschiedenen Pferde und ihre Eigenarten, an das Holzmachen und das Fuhrwerk-Fahren.

Warum sind Sie denn so alt geworden?
Ich habe nie vergessen zu atmen! Oder? Meine Schwestern sind auch alt geworden. Ich bin der einzige von fünf Brüdern, der noch lebt.

Haben Sie gesund gelebt?
Ich habe keinen Schnaps getrunken. Ich habe immer einigermaßen in der Ordnung gelebt und gewusst, was ich tun muss. Man muss alles mit Verstand machen.

Ist das Leben jetzt noch schön?
Jetzt bin ich alt geworden. Ich bin froh, dass ich hier sein kann. Ich komme mit den meisten Leuten gut aus.

Wie gefällt es Ihnen im Pflegeheim?
Ich bin da gut dran. Man ist gut zu uns, aber man muss sich auch ordentlich benehmen zu den anderen und zu den Mitarbeitern. Man muss nicht wegen jeder Kleinigkeit reklamieren. Hauptsache, man kommt gut mit den Leuten aus.

Das ist die Hauptsache.
Ja. Und man muss zufrieden sein. Solange ich konnte, habe ich etwas gemacht. Im Dienstbotenheim habe ich mich auf die Beeren verlegt. Ich hatte eine gute Beerenzucht. Dort konnte ich machen, was ich wollte. Der Chef hat mir nie dreingeredet.

Jetzt schauen Sie nur mehr beim Fenster hinaus und haben keine Arbeit mehr.
Jetzt kann ich nicht mehr und ich mag auch nicht mehr. Ich kann nicht mehr so laufen. Ich habe den kleinen Wagen, mit dem kann ich herumgehen. Ein bisschen Bewegung brauche ich. Aber ich kann keine großen Sprünge mehr machen. Ich kann nur mehr da sein.

Nichten und Neffen schauen immer wieder nach Hans Hügli. Aber selbst geht er nicht mehr zu Besuch. Vier Schwestern leben noch, aber auch sie sind nicht mehr in der Lage, ihn zu besuchen.

Wie alt wollen Sie noch werden?
Das ist mir gleich. Es ist schön, wenn man noch einigermaßen gut leben kann. Wichtig ist, dass man noch gut im Kopf ist. Man muss es nehmen, wie es kommt, und zufrieden sein mit dem, was man hat. Einmal ist dann auch unser letztes Stündlein da.

Das Gespräch mit Hans Hügli wurde am 30. April 2006 Koppigen, Schweiz, geführt.

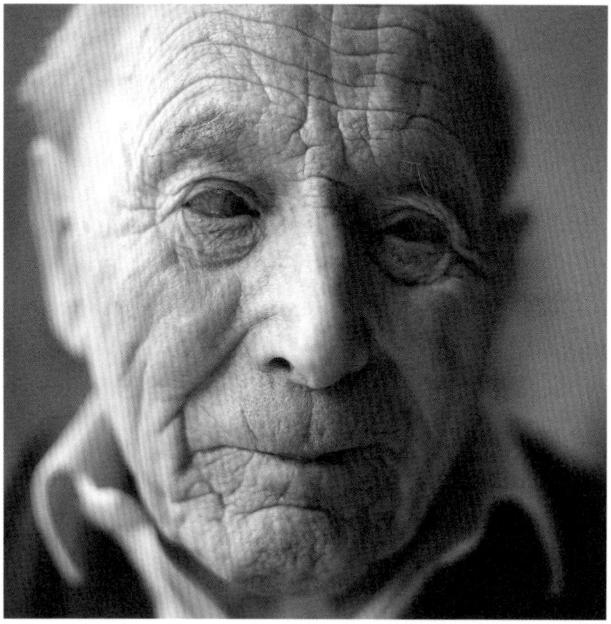

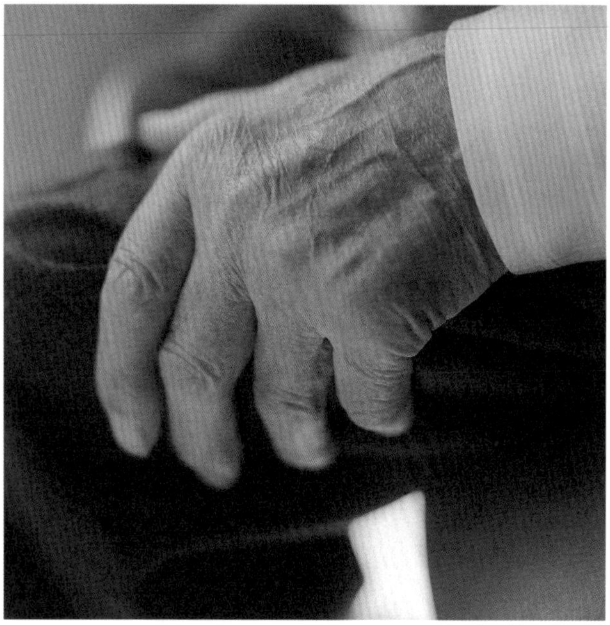

Ich war schon immer eine Rote

Josefine Kosicek, ältestes Mitglied der Sozialistischen Partei Österreichs, geboren 1905

Es hat fast ein Jahr gedauert, bis nach dem ersten Telefonat tatsächlich das Gespräch mit Josefine Kosicek stattfinden konnte. Am 15. Mai 2005 ist sie 100 Jahre alt geworden, exakt 50 Jahre nach Unterzeichnung des österreichischen Staatsvertrages. Aus diesem Anlass wurde sie vom österreichischen Bundespräsidenten zu einem Besuch in die Hofburg eingeladen. Mit Bundespräsident Fischer verbindet Josefine Kosicek auch die Gesinnung, denn seit 1919 ist sie Mitglied der Sozialistischen Partei Österreichs. Nach ihrem 100. Geburtstag lebte Josefine Kosicek noch eine Zeitlang bei ihrem einzigen Sohn Fritz, ehe sie in das Seniorenwohnheim St. Josef in Wien/Mauer übersiedelte. Dort treffe ich sie im März 2006 zu einem Gespräch. Ihr Sohn ist dabei und kann bei manchen Erinnerungsschwierigkeiten aushelfen.

Sie schauen blendend aus, Frau Kosicek. Geht es Ihnen gut?
Es geht gut, ja.

Mir hat, als ich von Ihnen gehört habe, imponiert, dass Sie nach dem Krieg eine Putzerei gehabt haben.
Ich wollte selbstständig sein und hatte eine Übernahmestelle gehabt. Selbst habe ich nicht geputzt, das hat der Salesianer gemacht. Es war halt das Einfachste.

Sie kommen aber nicht aus dem Milieu der Selbstständigen?
Nein. Ich bin eine Angestellte gewesen. Vor dem Krieg war ich bei der Firma Elektro Schrack. Dann war ich bei den Kinderfreunden. Dann habe ich meinen Mann kennengelernt und den Sohn bekommen. Es ist doch etwas geworden aus ihm.

Fritz Kosicek erzählt, dass seine Mutter gelernte Strickerin ist. Bis zu ihrem 90. Geburtstag hat sie jeden Tag gestrickt, Socken, Pullis für die ganze Familie.

Heute stricke ich nichts mehr. Wenn etwas Schönes draus geworden ist, habe ich mich gefreut.

Sie haben etliche Enkelkinder.
Ja. Ich habe ja nur einen Sohn gehabt.

War er so anstrengend, dass es nur ein Kind geworden ist?
Ja, es war auch die schlechte Zeit. Ich war froh, dass ich den einen bekommen habe. Ich war auch schon 35, als ich ihn bekommen habe. Ich habe meinen Mann auch erst spät kennen gelernt.

Sie sind 1905 in Wien geboren.
In Hietzing.

Was sind Ihre ersten Erinnerungen als Kind?
Ich bin in Hietzing aufgewachsen. In einem Zinshaus. Wir waren vier Kinder. Es waren schlechte Zeiten damals, sehr schlechte. Wir hatten schon genug zu essen, sind nicht verhungert. Mein Vater war ein Fuhrwerker. Er hat Ross und Wagen gehabt, er ist für den Konsum gefahren. Er hat die Waren zwischen den Filialen zugestellt.

Wo hatte er die Pferde eingestellt?
Auf der Mariahilferstraße, dort war ein Hof, der einen Stall hatte. Da waren auch andere Pferde eingestellt. Mein Vater hatte zwei Pferde.

Durften Sie mitfahren als Kind?
Freilich, ich bin oft mitgefahren, habe Packerl hinein- und hinausgetragen.

Was hat es in einem Geschäft damals gegeben?
Alles, alles, genauso wie heute. Ein Greißler war ein kleines Geschäft, der „Konsum" war der Große.

Es gibt also schon eine ganz frühe Beziehung zum „Konsum"?
Ja, von der Jugend auf schon. Wir haben immer im „Konsum" eingekauft. Schon in meiner Kindheit war man im „Konsum" eingeschrieben und hat immer dort eingekauft. Drei Prozent Rückvergütung haben wir bekommen. Auch als wir am Roten Berg gewohnt haben, war die einzige Einkaufsmöglichkeit ein Konsum.

Der Vater war ein Fuhrwerker und die Frau Mama?
Die war zu Hause bei den Kindern. Ich war das kleinste Mädchen. Ich bin schon etwas verwöhnt worden, vom Vater. Zehn Jahre später kam noch ein Bub.

Fritz Kosicek erzählt, dass der Vater beim dritten Kind unbedingt einen Sohn wollte. Nachdem es wieder ein Mädchen war, ist er eine Woche nicht nach Hause gekommen. Sie heißt auch Josefine, weil sie ein Josef hätte werden sollen. Sie ist mit fünfeinhalb Kilo auf die Welt gekommen. Und mit einem halben Jahr hat sie angeblich schon Würstchen gegessen.

Haben Sie immer eine robuste Gesundheit gehabt?
Ja, immer. Ich war nie zart.

Was für ein Kind waren Sie, eher lustig oder ernst?
So mittel, eher lustig.

Lebt noch jemand, mit dem Sie in der Schule oder in der Kindheit beisammen waren?
Ja, eine Schulfreundin lebt noch, sonst sind schon alle tot.

Sind Sie die erste in Ihrer Familie, die so alt wird?
Ja.

Wie haben Sie das gemacht?
Na, gelebt!

Sie sind jeden Tag vier Kilometer in Ihr Geschäft gegangen, 25 Jahre lang, bei jedem Wetter.
Ich bin immer gegangen. Ich habe mir auch kein Moped gekauft, bin auch nie mit der Straßenbahn gefahren. Ich habe am Roten Berg gewohnt und habe das Geschäft in Breitenhof gehabt. Da bin ich einfach gerade hinüber gegangen. Um acht Uhr habe ich aufgesperrt und bis sechs Uhr offen gehabt, ohne Mittagspause.

Wer hat sich um den Sohn gekümmert?
Dem ist es eh gut gegangen. Ich habe mir da keine Sorgen gemacht. Er konnte ja jederzeit zur Mutter kommen. Ich hatte ja nur eine Übernahmsstelle.

Konnte man von der Putzerei gut leben?
Na ja, ich konnte ihn studieren lassen.

Fritz Kosicek erzählt, dass sein Vater zehn Jahre jünger war als die Mutter und seit seinem 25. Lebensjahr schwer lungenkrank. Er ist mit 47 Jahren gestorben. Schrack senior hat Fritz Kosicek beim Studium unterstützt, weil er das seinem Vater, der Betriebsleiter der Firma Schrack war, versprochen hatte.

Mein Mann war ja sehr tüchtig, den haben sie sehr gerne gehabt beim Schrack. Ich habe die Putzerei bis 1973 gehabt. Ich habe immer gerne gearbeitet. Es ist viel getratscht worden im Geschäft. Mit jedem Schmarren sind die Frauen zu mir gekommen, sogar, was sie kochen sollen.

Konnten Sie gut zuhören?
Ja, ich habe auch Ratschläge gegeben. Ich habe mich sehr gut verstanden mit den Leuten.

Nach dem Krieg, erzählt Fritz Kosicek, war seine Mutter Fürsorgerätin im 13. Bezirk. In dieser Funktion war sie Ansprechperson für arme Familien, denen sie zu helfen versuchte. Sie war auch Bezirksrätin in Hietzing. „Ich habe geholfen, so gut ich konnte", sagt Josefine Kosicek. Vor allem ging es um die Weitervermittlung zu den helfenden Stellen.

Sie sind von Kind an im Umfeld der Sozialisten gewesen?
Immer schon. Meine Mutter war schon Sozialistin. Sie war eine Arbeiterin. Sie war schon vor dem 1. Weltkrieg Sozialistin. Der Vater nicht. Der ist es erst durch die Mutter geworden. Mein Vater war ein Bürgersohn, der Sohn eines Geschäftsmannes. Die Mutter war eine aufrechte Sozialistin.

Was war einer aufrechten Sozialistin wichtig?
Gerechtigkeit.

Damals musste man dafür aber noch kämpfen.
Na, freilich. Man hat vorgelebt.

Sie sind mit 14 Jahren zur Partei gegangen.
Ja, mit 14 bin ich schon dazu gegangen, weil ich der Überzeugung war, dass es die beste Partei ist

für mich, dass sie das meiste machen. Sie haben den Urlaub erkämpft, sie haben das alles gemacht, das ist alles durch die Roten gekommen.

Was haben Sie mit 14 begonnen?
Ich hatte die Bürgerschule fertig, und dann bin ich in die Lehre gekommen und habe Strickerei gelernt, drei Jahre lang. Bei meinem Onkel war ich in der Lehre. Ich habe alles machen können, ganze Anzüge und Kleider haben wir gestrickt.

Haben Sie sich mit 14 in der Partei schon engagiert?
Heute bin ich aus der Schule ausgetreten, morgen bin ich in der Partei eingetreten. Ich war immer schon eine Rote, schon als Kind. Und ich bin heute auch noch dabei.

„Und sie hat auch im Kirchenchor gesungen", wirft Sohn Fritz ein.
1940, als Sohn Fritz auf die Welt kam, trat Josefine Kosicek aus der katholischen Kirche aus und in die protestantische Kirche ein, weil sie Bedenken hatte gegenüber dem katholischen Schulsystem.
Wenn es Probleme gab, ging Frau Kosicek aber immer zur Schwarzen Madonna in der Kirche von Lainz und hat dort gebetet, erzählt Fritz Kosicek. „Bis heute noch gehe ich sehr gerne hin", ergänzt seine Mutter.

Man würde meinen, man geht als Sozialistin doch nicht in eine katholische Kirche, um zu beten.
Man muss ja auch nicht gehen. Sie brauchen ja gar keine Kirche zum Beten. Sie können auch ohne Kirche beten. Zur Madonna gehe ich nur, weil ich sie verehre.

Sind Sie katholisch aufgewachsen?
Ja, wir mussten von der Schule aus in die Kirche gehen. Bis 14 war ich jedenfalls in der Kirche.

Sie können sich auch an die Kaiserzeit noch erinnern. Wie war diese Zeit?
Sehr gut. Wir haben jeden Tag den Kaiser gesehen, wenn er über die Mariahilferstraße von Schönbrunn in die Hofburg gefahren ist. Wir haben in der Anschützgasse gewohnt, das ist die erste Gasse, wenn man von Schönbrunn hereinkommt. Ich habe ihn oft gesehen.

Welchen Eindruck hatten Sie von ihm?
Na ja, dass er halt wer ist.

Können Sie sich an die Stimmung erinnern, als der Erste Weltkrieg begonnen hat? Wie war das?
Furchtbar. Nur einzelne waren begeistert, aber im Großen und Ganzen war man nicht einverstanden.

Die Sozialistische Partei war gegen das Kaiserreich, man wollte eine Republik.
Ja. Wir sind dann eh eine Republik geworden, und der erste Kanzler war ein Sozialist.

War Ihr Vater im Krieg?
Nein, er musste nicht einrücken. Ein Bruder war eingerückt. Ich weiß nicht mehr, wo er war. Er ist ohne Schaden zurückgekommen.

Die Versorgung war angeblich im Ersten Weltkrieg schlechter als im Zweiten.
Ja, es war schon schlechter. Es gab noch keine Lebensmittelkarten. Im zweiten Krieg gab es Karten, für die man Lebensmittel bekommen hat.

Sie haben einen Tag, nachdem der Zweite Weltkrieg begonnen hat, geheiratet. Die vorbereitete Hochzeitsfeier konnte nicht stattfinden.
Sie hätte in einem Gasthaus stattfinden sollen, aber wir hatten keine Lebensmittelkarten. Mein Mann musste aber nicht in den Krieg, er war enthoben, weil die Firma Schrack für das Militär gefertigt hat.

Wien ist sehr stark bombardiert worden. Wurden Sie in Mitleidenschaft gezogen?
Nein, unser Haus wurde nie getroffen, aber wir sind oft in den Keller, wenn Luftangriffe waren.

Mir scheint, Sie waren nie eine ängstliche Person.
Nein, ängstlich war ich nie. Man kann ja nicht im Vorhinein schon Angst haben.

Fritz Kosicek erzählt, dass seine Mutter während der Nazizeit nie wie vorgeschrieben die Wohnung beflaggt hat. Sie hätte einfach die Jalousien runtergezogen und sei fortgegangen. Wenn sie kontrolliert wurde, war sie nicht da.

Aber man hat gewusst, dass Sie eine Sozialistin sind.
Ja, das hat man gewusst, ich war ja schon vorher eine Sozialistin. Ich habe Glück gehabt, dass ich nicht verhaftet wurde.

Es gab aber doch eine große Feindschaft zwischen Schutzbund und Heimwehr, zwischen Sozialisten und Christlich-Sozialen.
Eigentlich war die gar nicht so stark, nein. Im Alltag hat man das nicht so gespürt. Das waren eher nur Einzelne. Ich habe es mitbekommen, aber nicht so empfunden wie diese Radikalen.

Seine Mutter habe in den anderen Lagern immer auch Freunde gehabt und sei eher vermittelnd gewesen, sagt Fritz Kosicek.

Sie waren jemandem nicht böse, wenn er eine andere Weltanschauung hatte als Sie?
Nein, ich bin ihm auch heute nicht böse. Jeder hat etwas Anderes. Man muss auf jeden Fall Respekt voreinander haben. Jeder soll sein, was er ist.

Im Vorjahr waren Sie beim Bundespräsidenten in der Hofburg. Wie war das?
Eh schön, wir waren ja eine ganze Schar, ich war ja nicht alleine. Es war ganz lieb. Wir haben ein bisschen geplaudert. Er ist ein Hietzinger, ich bin eine Hietzingerin.

Sie sind in Ihrer Freizeit viel gewandert.
Mit 14 Jahren bin ich schon viel gewandert, im ganzen Wienerwald, mit den Naturfreunden, immer organisiert. Bis zur Geburt vom Fritz bin ich viel gewandert.

Sie haben für die Kinderfreunde auch Kinderlager organisiert.
Ja, in Döbriach, im Sommer. Da waren zuerst 500 Kinder, dann beim internationalen Lager 2000. Ich habe den Wirtschaftsteil gemacht. Ich war die Mutter. Das ist gut gegangen. Wenn man rechtzeitig bestellt hat, hat man alles gehabt. Ich hatte einen Küchenchef und ein paar Frauen in der Küche. Ich habe nur eingeteilt, was gekocht werden musste. Das war 1948/49. Das waren noch schlechte Zeiten. Drei Schilling fünfzig hatte ich pro Kind und Tag für die Verpflegung. Ich bin überall schnorren gegangen. Ich war bei der ganzen Bundesregierung verschrieen als Schnorrerin.

Von wem haben Sie besonders viel bekommen?
Von Hansl Sima, dem Landeshauptmannstellvertreter in Kärnten. Der hat mir sehr geholfen, dem habe ich gepasst.

Haben Sie selbst auch Urlaub gemacht?
Erst 58, 59 waren wir in Jugoslawien mit dem Fritz.

Aber eine große Reisende waren Sie nie.
Nein, erst im Alter. Da war ich auch im Ausland, mit dem Pensionistenverband.

Bis zum 96. Geburtstag lebte Josefine Kosicek alleine in ihrer Wohnung. Nach einem Oberschenkelhalsbruch übersiedelte sie zu ihrem Sohn.

Lesen Sie gerne?
Schon, aber nicht unbedingt. Fussballfan bin ich heute noch.

Sicher von Rapid.
Freilich. Nur von Rapid. Ich bin aufgewachsen auf dem Fussballplatz. Mein Vater war ein

Funktionär von Rapid. Da bin ich immer mit gewesen, war immer am Vater seinem Kittel angehängt. Ich habe auch für die Rapid-Spieler geschwärmt. Wenn die gespielt haben, bin ich am Rand vom Spielfeld gesessen. Kutan hat einer geheißen, den ich verehrt habe.
Ich schaue mir hie und da noch ein Fussballspiel an im Fernsehen, aber so fanatisch bin ich nicht mehr wie früher. Wir sind alle Rapidler, von Jugend auf. Der Torhüter Zeman war mein Kunde.

Sie wissen, was die Abseitsfalle ist?
Alles, alles weiß ich.

Reden wir noch von einem besonderen Datum. Sie haben am Tag des Staatsvertrages Ihren 50. Geburtstag gehabt. Können Sie sich an den Tag noch erinnern?
Die Stimmung war sehr freudig, gerührt. Man hätte nicht damit gerechnet. Aber ich war enttäuscht vom Staatsvertrag wegen des Militärs. Ich habe gesagt, ich bin dagegen wegen der Wehrpflicht, weil mein Sohn auch hätte einrücken müssen und weil wir durch den Krieg doch so viel mitmachen mussten. Ich hätte meinen Sohn auf gar keinen Fall für das Vaterland geopfert.

Was waren für Sie die besten Jahre in Ihrem Leben?
Eigentlich, als ich eine Jugendliche war, als sich so viel getan hat, als immer etwas Neues gekommen ist. Die Lebensmittel waren schlechter, aber es war aufregender.

Wann haben Sie das erste Mal einen Wohlstand gehabt?
Schlecht gegangen ist es mir nie, wenn ich ehrlich bin.

„Meine Mutter hat immer verstanden, sich alles zu organisieren", erzählt Fritz Kosicek. Sie sei schon während des Krieges zum Hamstern in die Steiermark gefahren.

Welche Gegenleistung hat man geben müssen, damit man von den Bauern etwas bekommen hat?
Ich habe einen Anzug mitgebracht von meinem Mann und habe dafür fünf Kilo Äpfel bekommen. Allerhand haben wir zusammengetauscht.

Sind Sie nie betrogen worden bei den Tauschgeschäften?
Nein, es waren alles sehr nette Leute.

Sie sind beim Hamstern auch nie erwischt worden?
Nein.

Fritz Kosicek erinnert sich an eine Geschichte, die seine Mutter früher noch erzählt hat. Zwanzig, dreißig Frauen seien immer gemeinsam mit dem Zug zum Hamstern gefahren. Einer Frau seien bei der Kontrolle die Äpfel weggenommen worden, worauf ihr Kind sehr geweint habe. Frau Kosicek hätte organisiert, dass alle anderen einen Apfel hergeben, damit das Kind wieder etwas zu essen hat.

Sie sind eher ein optimistischer Typ, oder?
Schwermütig war ich eigentlich nicht.

Waren Sie stolz auf Ihren Sohn?
Ja, ich war immer stolz auf ihn, schon als er noch klein war. *(Sie lacht.)* Er war ein Braver. Ich habe ihm nie Schläge gegeben, das ist alles mit Reden gegangen. Ich habe viel mit ihm geredet.

Hätten Sie gerne eine Tochter gehabt?
Eigentlich schon, aber wir haben ja kein zweites Kind mehr bekommen. Ich war froh, dass ich ihn gehabt habe.

Wie geht es Ihnen hier im Haus?
Eh ganz gut.

Wie alt möchten Sie gerne werden?
Das ist mir egal. Wenn ich sterbe, sterbe ich.

Sind Sie da ganz gelassen?
Ja, da habe ich gar keinen Wunsch. Ich habe eh schon so viel erlebt, es reicht schon.

Aber man hat den Eindruck, dass Sie noch gerne leben.
Ja, meinen Kindern zuliebe. Jetzt haben wir wieder die Kleinen, die machen uns auch eine große Freude.

Das sind schon die Urenkerl.
Ja, die sind alle sehr lieb.

Der älteste Urenkel ist dreizehn, der jüngste zehn Monate, erzählt Fritz Kosicek. Der älteste komme gerne zur Uroma zum Canasta-Spielen.

Wer gewinnt?
Na, er.

Sie schummelt nämlich, sagt Sohn Fritz. „Ich schummle, damit ich ihn gewinnen lasse", rechtfertigt sich Josefine Kosicek.

Wir müssen noch erwähnen, dass Sie das am längsten eingeschriebene Parteimitglied der SPÖ sind. „Bitte, welches Kind geht mit 14 zu einer politischen Vereinigung?", meldet sich Sohn Fritz. „Ich", sagt seine Mutter ganz selbstbewusst.

Zum Schluss möchte ich Sie noch fragen, wie Sie sich vorstellen, dass es nach dem Tod weitergehen wird.
Wenn ich gestorben bin, bin ich gestorben.

Manche glauben, es geht irgendwie weiter.
Na, geh!

Das Gespräch mit Josefine Kosicek wurde am 17. März 2006 in Wien geführt.

Meine Sippe ist ein richtiges Lehrernest

Franz Xaver Perkhofer, Lehrer und Musiker, geboren 1905

Oberstudienrat Franz Xaver Perkhofer lebt in Wenns im Pitztal. Gemeinsam mit seiner Tochter bewohnt der ehemalige Volksschuldirektor, Organist, Chorleiter und Kapellmeister ein Haus im Zentrum. Franz Perkhofer raucht gerade seine Frühstückspfeife, als ich ihn gegen 10 Uhr am Vormittag besuche. „Sie sammeln also so Überbleibsel", meint Herr Perkhofer auf meine Erklärung, dass ich Gespräche mit 100-Jährigen führe.

Haben Sie wirklich das Gefühl, dass Sie ein Überbleibsel sind?
Ja. Ich habe vier Schwestern gehabt und drei Brüder, einer ist schon als kleines Kind gestorben. Ich bin das Überbleibsel. Ich bin der zweitälteste Bub gewesen und übrig geblieben. Die anderen beiden Brüder sind gestorben. Einer als Schulinspektor in Landeck, der Hermann, und der Sepp als Tischlermeister. Die Schwestern sind schon lange tot. Von meinen Mitschülern und Studienkollegen bin ich auch der letzte.

Welches Gefühl ist es, wenn man der letzte ist?
Ich bilde mir gar nichts ein. Mein letzter Klassenkamerad ist vor zwei Jahren gestorben. Das war der letzte, den ich gut gekannt habe. Von meinen Bundesbrüdern aus der Verbindung Alemannia lebt auch keiner mehr. Ich bin wirklich ein Überbleibsel.

Haben Sie auch das Gefühl, ein Überbleibsel aus einer anderen Zeit zu sein?
Das will ich gar nicht behaupten, nein. So groß ist die geschichtliche Bedeutung nicht, dass ich mir das einbilde. Ich habe viel erlebt in meinen hundert Jahren. Ich kann nicht alles erzählen, da würden wir nie fertig. Der Doktor Dabringer hat mich einmal ausgefragt, aber etwas hat er ganz vergessen, meine Teilnahme am Krieg, aber das war für ihn nicht so wichtig. Er hat mich gekannt, weil er fast 30 Jahre Sprengelarzt war. Wir haben mit ihm gut geschafft, wir waren gute Freunde.

Sie rauchen noch jeden Morgen eine Pfeife?
Ja, eine, zwei, halbvoll. Das mache ich schon seit meinem 20. Lebensjahr.

Es hat Ihnen nicht geschadet.
Ich bin kein übermäßiger Raucher, ich habe immer mit Maß geraucht. Mäßigkeit war meine wichtigste Einstellung.

Worauf hat sich die Mäßigkeit bezogen, worin waren Sie mäßig?
Ich sage sogar im Pfeifenrauchen, im Trinken sehr, ich war kein Trinker. Ich trinke heute noch ein halbes Glas Wein, wenn es sein muss. Ich war nie besoffen. Bei allem, wo man übertreiben kann, habe ich mich gehütet. Insofern bin ich gut gefahren. Ich habe eine Menge Kollegen und Kolleginnen gehabt, die in meiner Schule gearbeitet haben. Ich habe versucht, mit allen gut auszukommen. Ich habe nicht den Vorgesetzten gespielt, sondern den Kollegen, und das haben sie gern gehabt. Sie schätzen mich auch heute noch, weil ich so liberal war. Wo es irgendwie möglich war, ein Maß zu finden, habe ich es versucht und getan.

Entspricht die Mäßigkeit Ihrem Naturell?
Ich habe sie auch mitbekommen von meinen Eltern. Meine Eltern waren auch sehr mäßige Leute.

Sie kommen aus eher bescheidenen Verhältnissen.
Ganz bescheidenen Verhältnissen. Mein Vater war Handwerker, ein Maurer, Polier, und nebenbei ein bisschen Bergbauer. Die Landwirtschaft war nicht gewaltig, sieben, acht Stück Vieh. Im Gebirge ist das ja schon viel.

Sie sind Ende Oktober 1905 geboren.
Sieben Wochen zu früh. Ich war sehr klein. Ich habe einmal eine Aufstellung gelesen über zu früh geborene Säuglinge; nach dieser Aufstellung habe ich bei der Geburt ungefähr eineinhalb Kilo gewogen. Ich habe überlebt. Alle meine Geschwister habe ich überlebt.

Sie haben einen Lebenswillen gehabt, von Anfang an.
Möglich. Meine Mutter hat gesagt, die ersten vier Wochen habe ich nie die Augen aufgemacht. Nur wenn sie mit einem kalten Tuch drüber gefahren ist, einen Moment, dann habe ich wieder

geschlafen. Ich habe einen wichtigen Teil meines Lebens schon als Kind verschlafen.

Waren Sie ein Sorgenkind für die Mutter?
Nein. Die hat mich auch verwöhnt. Vier Mädchen sind gewesen. Der erste Bub ist gestorben, und wie ich dann gekommen bin, hat der Vater gesagt, sie soll gut auf mich schauen. Meine Geschwister haben mich sehr verwöhnt.

Wie war das damals, wenn man verwöhnt wurde?
Mit Kleinigkeiten, mit Guterle. Wir haben ein wunderbares Familienverhältnis gehabt. Zwei Schwestern sind über 90 geworden, die anderen fast 90.

Der Vater wird nicht viel da gewesen sein als Maurerpolier.
Der war viel in der Schweiz. Im Jahre 1911 ist Zams, meine Heimatgemeinde, abgebrannt. Weit über fünfzig Häuser sind verbrannt. Danach hat mein Vater da in seinem Beruf gearbeitet. Ich habe meine Heimatgemeinde, ein großes Dorf, zum ersten Mal vom Galugg aus gesehen, das ist ein Berghügel. Ich bin vorher nie ins Dorf gekommen, ich war zu klein. Ich habe es zum ersten Mal gesehen, als es gebrannt hat. Das ist eine schlimme Erinnerung. Die Hälfte des Dorfes ist abgebrannt.

War Ihr Elternhaus ganz in der Einschicht?
Das war auf dem Berg oben, in einem Weiler, Rifenal. Unser Haus stand etwas höher am „Schweighof", vier Häuser.

Sie sind in die Schule nach Zams gegangen?
Nein, in Rifenal war eine eigene Volksschule. Da bin ich acht Jahre gegangen. Ich habe nicht weit zur Schule gehabt, sie war am Schweighof. Das war eine einklassige Schule. Das hat es damals gegeben. Da waren ungefähr 25 bis 30 Kinder im Durchschnitt. Ich selber habe als Lehrer die einklassige Schule gern gehabt.

Was ist das Besondere an einer einklassigen Schule?
Das ist erzieherisch einmalig, weil die älteren Kinder Miterzieher sind und die Kleinen von den Großen lernen. Die einklassige Schule ist eigentlich das Ideal der Schule, aber natürlich nicht mit über hundert Kindern. So etwas hat es auch gegeben. Im Pitztal in St. Leonhard war eine einklassige Schule mit über hundert Kindern!

Sechzig Kinder, das ist auch schon eine große Zahl in einer Klasse. Wie unterrichtet man die?
In vier Abteilungen: die Kleinen, die Erstklassler; dann die zweite Gruppe, die Zweit- und Drittklassler; dann die Mittelstufe: vierte, fünfte Klasse, und die Oberstufe, die letzten drei Jahrgänge.
Wenn ich die Kleinen unterrichtet habe, haben die Großen eine Stillarbeit gehabt und die Mittleren auch, eine Rechenaufgabe, einen Aufsatz. Mit den Kleinen habe ich das „Fundament der Wissenschaft" begründet. Lesen, Schreiben sind heute noch wichtig, wichtiger als alle anderen Realienfächer. Lesen überhaupt. Für die Kleinen ist das Lesen eine ganz gewaltige Leistung. Ganz gewaltig. Das ist die größere Leistung, als wenn einer eine Dissertation schreiben muss.
In Wenns habe ich meistens die Oberstufe gehabt. Mit der habe ich gut geschafft. Da habe ich immer noch Verbindungen mit den Schülern. Sie besuchen mich, den alten Lehrer.

Sie haben die Kinder immer gern gehabt.
Ja, sehr, ich hab sie heute noch gern. Es stört mich nicht, wenn in meinem Haus Kinder herumlaufen. Mein Obstgarten war immer auch offen für die anderen Kinder, da haben sie gespielt und auch Schule gehalten. Das hat mir selbst Freude gemacht. Es gibt nichts Schöneres, als mit Kindern zu arbeiten. Es gibt auch keinen schöneren Beruf als den Lehrerberuf, den Volksschullehrerberuf, den Elementarunterricht.

Herr Perkhofer, kann man beschreiben, was das Schöne ist, was Ihnen an den Kindern und am Beruf so gefallen hat?
Das kann man nicht beschreiben. Das kann von Fall zu Fall verschieden sein. Es gibt Kinder, die einem Freude machen, und Kinder, die einem Schwierigkeiten machen. Aber man muss auch die gerne haben. Auch wenn eine strenge Hand notwendig ist. Dass man mit den Eltern ein gutes Verhältnis hat, das ist auch wichtig. Mir scheint, ich bin vom Jahre 1929 an aktiv gewesen bis zum Jahr 1970. Jetzt bin ich ein Faulenzer.

Aber Sie sind immer noch Lehrer, Musiklehrer?
Jetzt nicht mehr. Bis vor zehn, fünfzehn Jahren, da habe ich es aufgegeben. Ich habe dafür gesorgt, dass meine Nachkommenschaft meine Aufgaben übernimmt. Die Kinder sind alle musikalisch. Ich habe fünf Kinder, dreizehn Enkel und dreiundzwanzig Urenkel. Die sind alle schon erwachsen, und auch davon sind viele Lehrer, die haben meinen Beruf erwählt. Ich sage, meine Sippe ist eigentlich ein richtiges Lehrernest.

Sind alle mit soviel Begeisterung bei der Sache wie Sie?
Ich glaube schon. Einer der jüngeren Enkel, der Christian, ist an der Volksschule Wenns. Sein Vater Eduard war Direktor der Hauptschule Wenns, wo auch dessen älterer Sohn Gert unterrichtet. Ich habe sie gern, die Wenner, sie sind ein nettes Völkl.

Sie waren auch immer ein humorvoller Mensch, scheint mir.
Ohne Humor geht es nicht. Humor muss man haben.

Den braucht man auch als Lehrer.
Ja. Die Kinder haben es gern, wenn man selbst Humor zeigt in der Schule. Ich habe in Wenns, ich habe es nicht gezählt, ich kann nur schätzen, ungefähr 1500 Schüler gehabt. Sehr viele von meinen Schülern sind schon gestorben. Meine Schüler sind vorausgegangen. Hoffentlich erwarten sie mich. Und viele meiner Schüler sind schon alte Männer und Frauen. Es gibt schon Neunzigjährige. Manche sind in den besten Jahren gestorben. Man lebt mit der Bevölkerung. Ich freu mich, wenn ein paar neue Erdenbürger zur Welt kommen in Wenns, und ich bin nicht erfreut, wenn uns einer verlässt.

Welche Einstellung bekommt man zum eigenen Sterben, wenn man so viele gehen sieht?
Ich muss es dem lieben Gott überlassen. Wie er es schickt, so kommt es. Ich hoffe schon, das es einigermaßen gut geht. Und dass diejenigen, die vor mir gestorben sind, Schüler, meine Frau, meine Söhne, Eltern, Großeltern, mich erwarten und mir beim Hinübergehen ein bisschen helfen.

Denkt man manchmal ans Sterben, wenn man so alt ist wie Sie?
Jeden Tag. Das ist mein eigentliches Denken. Meine eigentliche geistige Beschäftigung. Das Letzte, das kommt. Ich denke jeden Tag, Tag und Nacht denke ich ans Nicht-mehr-Sein. Ich will Sie nicht ausfratscheln über Ihre religiöse Gesinnung. Sind Sie Katholikin?

Ja, ich bin katholisch.
Wissen Sie, was für mich das größte Ereignis in der Weltgeschichte ist? Das größte Ereignis, ein scheinbar kleines Ereignis, ist der Satz, wo Maria sagt: „Siehe, ich bin eine Magd des Herrn." In dem Augenblick fängt das Heil der Welt an, verstehen Sie? Denn Christus ist zur Welt gekommen und hat der Welt seine Botschaft gebracht. Ohne Christus gibt es kein Christsein. Und dieses Christsein ist auf dieses einzige Ja-Wort begründet. Und für mich ist dieses Ja-Wort der Ursprung der Menschheitsgeschichte mit Christus. Für mich ist dieses Wort: „Siehe, ich bin eine Magd des Herrn", das wir täglich beten, ein Wort des Gehorsams. Wenn Maria nicht ja

gesagt hätte, dann gäbe es kein Christentum. Da fängt die Weltgeschichte erst an. Was vorher ist, ist nur Vorstufe.

Das ist die Herausforderung für jeden Christen.
Ja. Denken Sie beim Ave Maria an dieses Wort. Das Wort, das eigentlich die Weltgeschichte gründet. Und das Schlimmste, die größte Prüfung, die Jesus von Gott aushalten hat müssen, wissen Sie, was das ist? Die Versuchung mit dem Widersacher war eine große Prüfung. Ungeheuer. Und verschiedene Ereignisse, das bittere Leiden und Sterben, die Passion, waren furchtbar. Aber die schlimmste Prüfung ist eigentlich, wenn Jesus sagt: „Eli, eli, lama sabachtani." Mein Gott, warum hast du mich verlassen. Die Gottverlassenheit ist das Schlimmste, und diese Prüfung hat Jesus überstanden. Im Grund genommen ist das eigentlich das Los der Verdammten. Verdammtsein in der Hölle.

Das ist einem ziemlich nahe, wenn man selbst einmal vor dem Ende stehen wird. Ob man zu den Verdammten gehören wird oder zu den Geretteten.
Ich bedaure die Leute, die an der Wahrheit vorbeigehen.

Herr Perkhofer greift nach seinem Glas Wasser. Sein wichtigstes Getränk, sagt er. Dann erzählt er, dass er eigentlich Maler werden wollte. Aber er hat von der Kunstgewerbeschule später an die Lehrerbildungsanstalt gewechselt.

Ihr Vater war Maurer, Sie hatten eine Landwirtschaft, Sie sind in die Schule gegangen während des Ersten Weltkriegs. Ein Kind an eine Kunstgewerbeschule oder eine Lehrerbildungsanstalt gehen lassen, das war doch ungewöhnlich.
Das verdanke ich meinem Onkel, der in Innsbruck Professor an der Realschule war. Ich war bei ihm, einmal habe ich sogar bei ihm gewohnt, in der Sternwartestraße in Hötting. Er hat immer meine Zeichnungen gesehen, wenn er auf Besuch gekommen ist, und einmal hat er gesagt: „Der Bub hat Talent, den müssen wir fördern."

Wer hat die Ausbildung bezahlt?
Meine Eltern. Wir Studenten sind in einem Internat gewesen bei den Benediktinern. Und später waren wir „Bettelstudenten". Man hat einmal in der Woche um ein Mittagessen und um ein Abendessen zu den Kapuzinern oder den Jesuiten oder zu privaten Personen gehen müssen. Einmal habe ich im „Tirolerhof" gegessen. Zuerst hat man einen Protektor gehabt, der einen geschickt hat. Unser Religionsprofessor, Anton Müller, der Bruder Wilram, hat für die Studenten viel getan. Er hat für sie Kostplätze besorgt. Man ist willkommen gewesen. Es war nett. Es war ein buntes Menü, jeden Tag. Bei den Kapuzinern hat man Knödel gegessen, bei den Jesuiten öfters Fleisch. Und einmal habe ich bei einem Arzt, Dr. Steiner, dessen Frau eine Zammerin war, privat einen Kostplatz bekommen. Die haben mich liebenswert aufgenommen.

Wo war Ihr erster Posten?
Der war in Strengen bei Landeck. Im nächsten Jahr war ich in See im Paznaun, im Nachbartal. In Strengen war ich in einer dreiklassigen Schule, in See in einer zweiklassigen Schule.

Hat Ihnen das Unterrichten von Anfang an gefallen?
Ja, sehr, sehr. Vor drei, vier Jahren haben mich noch ehemalige Schüler aus Strengen besucht. Und einer hat mir schon jetzt zum 100er gratuliert. Die haben mich noch nicht vergessen. In den Jahren 25/26 war ich in Strengen.

Haben Sie Ihre Schüler mit Namen in Erinnerung?
Die ganze Klasse in Strengen habe ich in Erinnerung. Einer oder zwei fallen mir manchmal nicht ein. Das war die Oberstufe, da hatte ich 38 oder 39 Schüler, davon ein Drittel mit Familiennamen Zangerl. Ein Zangerl hat mich auch besucht.

Haben Sie viel gesungen mit den Kindern?
Ja, viel, sehr viel. In Wenns habe ich einmal einen Knabenchor gehabt. Deswegen bin ich dann ...

… das war während des Nationalsozialismus …
... ja, weil ich mit dem die Primizmesse gesungen habe für einen Einheimischen. Das war verboten. Wie soll ich sagen? Alles, was halt ein bisschen klerikal klang oder mit der Kirche zu tun hatte, war verboten. Der Nationalsozialismus war eine sehr schlimme Zeit, eine ganz schlimme Zeit. Der Holocaust, überhaupt die ganze Ideologie.

Wie stark war der Nationalsozialismus in Tirol?
War schon stark. Wir haben auch Nationalsozialisten gehabt in Tirol. Ich kann jetzt da keine genauen Angaben machen. Ich habe viele Mitbürger gehabt, die waren angesteckt, und solche, die nicht angesteckt waren, zu denen habe ich gehört.

Was war der Grund dafür, dass Sie nicht angesteckt wurden?
Weil ich gewusst habe, dass das alles eine Lüge ist. Der ganze Nationalsozialismus ist eine furchtbare Lüge. Das ganze Nazitum war christenfeindlich, kirchenfeindlich. Es hat die Protestanten und den Katholizismus abgelehnt. Der Hitler war ein Österreicher aus Braunau. Muss ein nettes Städtchen sein. Hitler war ein Österreicher und hat die Preußen regiert. Und Historiker behaupten, Hitler war die Strafe für Königgrätz, der Fluch von Königgrätz. Indirekt hat er sich als Österreicher gezeigt. Ich habe damals „Mein Kampf" gekauft. Aus einem gewissen Grund, weil man aus diesem Buch herauslesen konnte, dass Hitlers Anschauungen falsch sind. Die Amerikaner haben nach dem Krieg mein Haus besetzt, und haben meine Wohnung „gehütet", frage nicht wie, und die haben auch in meiner Bibliothek gewühlt, besonders in meinem Herder-Lexikon; das Buch „Mein Kampf" haben sie mitgenommen. Ja, das war eine schlimme Zeit.

Sie sind wegen dieser Primizmesse mit dem Knabenchor…
... ja, ja, sie haben gesagt, ich gründe da eine Gegenjugend, eine Anti-Hitler-Jugend. Ich war aber unpolitisch. Und eben, weil ich mich so eingesetzt habe für eine feierliche Primiz, bin ich an die Schule nach Huben im Ötztal versetzt worden.

Da sind Sie zum Kreisschulrat zitiert worden?
Ja, ich bin bald nach Schulbeginn zitiert worden. In Huben habe ich etwas getan, was für die Nazis ein Verbrechen war: Ich habe mit den Kindern das Schulgebet verrichtet. Das war verboten. Im Herbst 1938 ist ein Erlass gekommen mit Liedvorschlägen, wo der Führer gelobt und gepriesen wird. Eines habe ich mir gemerkt, das könnte ich brauchen. Da habe ich mit meinen sechzig Schülern in der einklassigen Schule dieses Lied, ich kann es nicht mehr, auswändig gelernt, und wir haben es einmal in der Woche als Schulgebet benützt. Und sonst haben wir Vaterunser gebetet. Und eines schönen Tages ist Inspektion. Die Tür geht auf, und der damalige Schulinspektor, ein Mords-Nazi, kommt der bei der Tür herein. Die ganze Klasse ist aufgestanden: „Heil Hitler." Heimlich hat es mich gefreut, nicht wegen des „Heil Hitler", sondern weil ich diese Reaktion nicht erwartet hatte. Zehn Minuten hat er das Klassenbuch kontrolliert, es war alles in Ordnung. Ein SS-Mann war als Begleitung dabei. Als sie weg waren, habe ich gesagt: „So, Kinder, jetzt tun wir beten." Aber es ist trotzdem publik geworden, dass ich in Huben immer noch das verbotene Gebet bete. Im Jahr darauf bin ich dann strafweise nach Hochasten gekommen. Ich bin jeden Tag auf und ab spaziert, Winter und Sommer. Die Bergstrecke war eine Stunde Gehzeit. Es war auch eine einklassige Schule mit zwanzig Kindern, das war schön.

Waren Sie gar nicht so böse über die Strafversetzung?
Nein, gar nicht, absolut nicht. Ich bin damals froh gewesen. Nach vierzehn Tagen bekomme ich aus Imst einen Wisch: „Sie haben sich sofort zu rechtfertigen, warum Sie in Huben das Schulgebet verrichtet haben." Was tu ich jetzt? Lügen darf ich nicht, lügen tu ich nicht. Habe ich zurück geschrieben: „Bezüglich Ihres Vorwurfes sehe ich nicht ein, dass man ein Lied verbietet, das für den Führer bestimmt ist." Das haben sie „gefressen".

Sie waren auch im Krieg?
Ja, drei Jahre. Von 42 im Jänner bis 45 im Mai. Ich habe zwar schöne Erinnerungen an meine Militärdienstzeit, weil ich bei einer Kompanie war, in der eine gute Kameradschaft war. Es war eine Ersatzkompanie, lauter ältere Semester. Ich war bei der Kompanie gut aufgehoben, außerdem hat mich der Chef bevorzugt. Ich war gerade beim Essenholen und bin dem Chef begegnet, und der war ein prima Mann, auch ein Katholik, Gott hab ihn selig. „Sie sind doch erst in meine Kompanie gekommen," sagt er. „Wie gefällt es Ihnen?" „Ja, ganz gut." Ein paar Tage darauf lädt er mich ein in die Schreibstube. Mein Vorgänger war ein Mordsnazi, den hat er auf Urlaub geschickt. Er hat gesagt: „Wissen Sie, warum ich Sie geholt habe? Weil ich in Ihren Wehrpass geschaut habe, und da war ein religiöses Bild drinnen, und da wollte ich mir den Mann noch näher anschauen." Und dass ich Lehrer bin, ist auch drinnen gestanden. Da hat er mich aufgenommen als Schreibkraft. Ich war bis zum Ende des Krieges in der Kanzlei. Ich habe aber auch alle soldatischen Übungen mitmachen müssen, damit ich nicht vergesse, dass ich Soldat bin. Ich habe noch ein ganzes Kompanieverzeichnis da.

Sie waren nie an der Front?
Am Rückweg schon, am Rückweg war eine Front. Da bin ich verwundet worden. Da haben wir schon etwas mitgemacht. Wir sind am 30. September 1944 in Athen abmarschiert zum Rückzug. Es hat nicht Rückzug geheißen, aber wir mussten uns zurückziehen, weil der Engländer vorrückte. Der Engländer ist von Afrika über Kreta nach Hellas.

Haben Sie gewusst, dass der Krieg verspielt ist?
Das hat man wohl gewusst. Dann sind wir zu Fuß von Bojati, wo wir waren, nach Norden abmarschiert durch ganz Griechenland bis Saloniki, von dort weiter, weiter über Mazedonien, ins serbische Gebiet und ins albanische Gebiet, alles zu Fuß. Wir sind durch den Kosovo marschiert, mitten im Winter, über Berg und Tal, über sieben Pässe, bis wir den letzten Pass erreicht hatten, Podromania, von Rogatitza bis nach Sarajewo. Das letzte Stück sind wir sogar mit dem Lastwagen gefahren. Dann war ich vier Wochen in Sarajewo. Gefaulenzt.

Sind Sie in Gefangenschaft gekommen?
Auch in Gefangenschaft. Das ist ein Kapitel für sich, die Gefangenschaft. In die amerikanische Gefangenschaft bin ich gekommen, in Bayern, in der Nähe von Rosenheim. Vorher war ich verwundet worden, in Kakani, da sind wir von Partisanen überfallen worden. Wir waren zu viert auf der Flucht vom Tal hinauf auf die Höhe, wo das Bataillon eine Bastion hatte. Wir sind in einem Schützenloch gesessen und wären gern den Hang hinauf bis zum Ziel gerobbt. Der Feldwebel hat es als erster versucht, ist aber nicht weit gekommen und ist am Hintern angeschossen worden, ebenso der Unteroffizier. Beide sind den Hang wieder hinuntergerollt. Ich bin dann ungefähr so weit gekrochen wie die beiden Kameraden, mir haben sie den Fuß durchgeschossen. Dann sind wir zu dritt als Patienten im Erdloch gelegen. Der Zillertaler hat gesagt, er versucht es nicht mehr. Als es gedunkelt hat, sind wir hinauf gekrochen. Jetzt haben sie uns nicht mehr gesehen.

Da kommt der Hauptmann Häuser von der ersten Kompanie und meldet, dass nur mehr sechs Mann übrig geblieben sind, die anderen sind von den Partisanen aufgerieben worden. Da sind wir drei nun gelegen, nichts zu essen, nichts zu trinken, kein Wasser, aber wenigstens noch am Leben. Das war am Gründonnerstag. Die Gefechte mit den Partisanen sind bis zum Karsamstag weitergegangen. Am Freitag, dem Karfreitag, hat ein Flieger, ein sogenannter Fieseler-Storch, bei einem Erkundungsflug unsere schlimme Lage erkannt. Zwei ukrainische Bataillone haben die Partisanen verjagt und uns befreit. Und am Ostersonntag haben wir wieder Wasser getrunken und Kuchen gegessen. Die Leute von Kakani haben uns zu essen gebracht, obwohl wir Feinde waren. Das war ein besonderes Ostern. Am Tag darauf sind wir ins Lazarett gekommen. Vom Lazarett aus sind wir ins Lazarett nach Tuzla gebracht worden und dann nach Agram und ein paar Tage später nach Krainburg. Die Lehrerbildungsanstalt von Krainburg ist das Soldatenquartier gewesen. Dann ist es noch ein weiter Weg bis nach Hause.

In Tirol sind Sie gefangen worden?

Ich war in Krainburg im Lazarett. Der Hauptmann Häuser hatte eine Aufgabe für mich, Stabsfeldwebel Liese und mich hat er gebeten, eine wichtige Meldung nach Klagenfurt zu überbringen. Einen Sack voll Akten. „Aber Sie müssen zu Fuß gehen von Krainburg raus." Gehen wir halt. Inzwischen hat der Rückzug schon begonnen, Wagen für Wagen kommen an uns vorbei, keiner nimmt uns auf, uns Spaziergänger. Endlich hat uns einer mitgenommen bis zum Wurzenpass. Dort ist eine Gruppe von Fahrzeugen von Partisanen überfallen worden. Wir sind ausgestiegen, es war uns zu gefährlich, und wir sind zurückmarschiert bis Jesenice, wo die Bahn nach Kärnten geht. Dort hat uns um drei Uhr Früh wieder ein Lastwagen mitgenommen. Uns zwei, den Liese und mich. Und, ah, ja, dann haben wir ein Quartier gesucht und ein einfaches Häusl gefunden. Als wir hinein kommen, haben wir gesehen, dass das die Volksschule von Rosenbach war. Da haben wir in den Schulbänken Quartier gemacht. In der Früh hatten wir Glück und konnten bis Klagenfurt fahren. Klagenfurt ist eine freie Stadt gewesen, weil die Amerikaner am Vormittag kommen sollten. Wir haben zuerst noch unser Paket abgegeben. Nachher sind wir in das Soldatenheim, haben ein Bier getrunken und auf den Einmarsch der Amerikaner gewartet. Wir sind in einen Park, da kommen zwei Amerikaner auf uns zu, wir sind auf dem Bankerl gesessen. „Sind Sie von der Deutschen Wehrmacht?"

Die haben beide Deutsch gesprochen?

Ja. „Tun Sie das weg da. Das Emblem, den Adler. Haben Sie Waffen?" Sage ich: „Nein." Wohl, der Liese hatte einen verrosteten Trommelrevolver, ungeladen, und ich hatte eine leere Pistolentasche. Dann haben sie uns Zigaretten gegeben. Sie haben gesagt, am Nachmittag fährt ein Transport nach Salzburg. Sie haben uns gehen lassen. So ist es auch gewesen. Am Nachmittag war ein riesiges Gedränge. Tausende von Soldaten, die auf den Zug gewartet haben. Wir zwei haben uns hineingeschwindelt in den Zug. Die einen sind auf den Trittbrettern gehockt, die anderen sind auf dem Waggondach gehockt, gewimmelt hat es um den Zug. In Spittal war die Bahn kaputt. Jetzt mussten wir wieder zu Fuß weitergehen bis Obervellach. Und von dort ist die Bahn wieder weitergefahren. Irgendwo war eine Gruppe Landser beisammen und unter ihnen ein Mordsschreier. Die Stimme kenne ich, habe ich gedacht, die da dauernd geschrieen und geschimpft hat über den Hitler. Es war mein Nachbar. Gehe ich hin zu ihm. „Du", sage ich, „brauchst nicht so zu schreien, der Krieg ist eh aus." „Wer bist denn du? Das geht dich gar nichts an!" „Kennst mich nicht? Dein Nachbar, der Franz." So trifft man sich wieder. Dann konnten wir wieder einsteigen und sind bis Brixen im Thale mit dem Zug gekommen. Dort war Schluss. Eine Bäuerin hat uns in ihrem Stadel mit Nudeln versorgt, die ihr ein Nachbar für uns gegeben hat. Beim Weitermarsch am nächsten Tag haben uns die Amerikaner aufgefangen und in ein Sammellager gebracht nach Langkampfen im Inntal. Vierzehn Tage lang mussten wir uns selbst versorgen mit „Organisieren" von irgendetwas Essbarem, meist bei den Bauern in der Umgebung. Dann haben sie uns nach Bayern gebracht. Dort haben wir uns erholt vom Krieg, mussten aber noch warten. Erst nach vier Wochen haben wir von den Amerikanern die Entlassung bekommen. Dann haben sie uns nobler Weise bis nach Innsbruck gefahren. Zuerst bin ich zu meiner Schwester nach Inzing. Da habe ich zufällig einen Zug erwischt. Am nächsten Tag habe ich einen Anschluss bekommen nach Imst. Ich habe aber keine Ahnung gehabt, wie es meiner Familie geht. Da begegnet mir im Bahnhof Imst der Dr. Angermaier, unser Sprengelarzt, der hat ein Auto gehabt und hat gesagt: „Wissen Sie schon, dass Ihre Familie ausquartiert ist?" Da bin ich mit ihm nach Wenns gefahren und habe erfragt, dass die Amerikaner unser Haus besetzt haben, dass meine Töchter und meine Frau und meine Schwiegermutter bei der Familie Wassermann einquartiert sind und die Buben bei der Tante Maria wohnen. Als die Amerikaner weg waren, sind die Franzosen gekommen, auch in das Haus. Wir haben aber durch die Bestätigung der Schweizer Botschaft in Innsbruck, dass meine Schwiegermutter Schweizerin ist, wieder in unser Haus zurückkehren dürfen. Das war im Sommer 45.

Nach dem Krieg konnte Herr Perkhofer wieder als Lehrer in Wenns arbeiten. Viele Jahre war er Direktor der Volksschule. Im Kirchenchor, beim Orgelspiel und in der Musikkapelle lebte Herr Perkhofer seine Musikalität. Musisch kreativ war Herr Perkhofer auch als Leiter der Theatergruppe, als Gedichteschreiber für zahllose öffentliche und private Anlässe. Zudem war er Gemeinderat, sechs Jahre Vizebürgermeister und Standesbeamter. Franz Xaver Perkhofer ist Ehrenbürger der Gemeinde Wenns und mit zahlreichen Auszeichnungen geehrt, von denen ihn die höchste vom Papst einem Laien verliehene „Pro ecclesia et pontifice" besonders freut.

Was war für Sie die wichtigste Zeit in Ihrem Leben?
Die wichtigste Zeit? Das kommt darauf an, von welcher Seite man das betrachtet. Der Krieg war ein großer Einschnitt in meinem Leben, sicher. Die ersten Dienstposten, die waren für mich sehr schön, haben mir Freude gemacht. Meine Verlobung, mein Verhältnis zu meiner Frau. Wir haben fünf Jahre brieflich korrespondiert. Das war eigentlich schon ungewöhnlich. Meine Frau war gebürtig aus Wenns. Aber ein Onkel hat sie adoptiert, sie war in der Schweiz, Schweizer Bürgerin. Ich habe sie kennen gelernt, weil er als Pitztaler jedes Jahr mit der Adoptivtochter nach Wenns gekommen ist. Wir haben uns im Kirchenchor getroffen, weil sie eine schöne Stimme gehabt hat. Die Eltern waren nicht einverstanden. Er, der Vater, hat ein Unternehmen gehabt, er war Zimmermeister in Zürich. Einen Fachmann hat er im Kopf gehabt für die Tochter. Die Mutter hat mich auch nicht angenommen. Jedenfalls hat es eine Weile gebraucht, bis sie sich einigermaßen damit abgefunden hatten, dass ich nicht nachgebe. Um mich besser kennen zu lernen, hat mich der Vater eingeladen, mit der Familie eine Italienreise zu machen, nach Venedig und Padua. Die Reise war interessant, aber auf dem Rückweg haben wir dann noch einmal bei den „Dolomiten" in Meran übernachtet. Da habe ich „den Stier bei den Hörnern gepackt". Er, der Schwiegervater, war ein frommer Mensch, der jeden Tag in die Kirche gegangen ist. An diesem Tag war ich bei der Messe und habe ihn dann anschließend, als

er allein beim Frühstück war, um die Hand seiner Tochter gebeten. „Ja, wissen Sie, das ist nicht so einfach", hat er gesagt. „Sie sind ein rechter Mensch, aber sie ist meine einzige Tochter." Einigermaßen versöhnt hat er allmählich doch ja gesagt. Aber erst im fünften Jahr. Im Jahre 1935 hat er mich eingeladen zur Verlobung. Er hat für sich und uns ein Haus gebaut und ist in Pension gegangen, um wieder in seinem geliebten Pitztal zu sein.

Ist es eine glückliche Ehe geworden?
Ja, sehr. Wir waren sehr glücklich verheiratet. Meine Frau ist gestorben 1997. Wir haben den sechzigsten Hochzeitstag sehr gefeiert.

Was hat Ihnen die Musik in Ihrem Leben bedeutet?
Sehr viel. Als Kind habe ich Zither spielen gelernt. In der Lehrerbildungsanstalt habe ich dann Klavier, Orgel und Geige in Innsbruck gelernt. Gitarre habe ich dann selbst angefangen als Autodidakt. Blasinstrumente habe ich erst viel später angefangen, erst als ich die Kapelle übernommen habe. Ich habe aber selbst nicht gar so viel geblasen, aber ausgebildet habe ich die Kapelle. Soviel habe ich gekonnt, dass ich die Technik vermitteln konnte; das meiste ist dann das Üben.

Sie wollten doch ursprünglich Maler werden? Wie wichtig war die Malerei für Sie?
Sehr wichtig. Als junger Lehrer habe ich mehr gemalt, dann ist neben dem Schuldienst und den anderen Tätigkeiten nicht viel Zeit dafür geblieben. Ab der Pensionierung 1970 habe ich wieder angefangen zu malen. Mit meiner Frau bin ich fünfundzwanzig Jahre jeden Sommer in Glurns in Südtirol auf Urlaub gewesen. In Glurns wird kaum ein Winkel sein, den ich nicht gemalt habe. Mein letztes Bild habe ich vor zirka zehn Jahren „unvollendet": Das Zittern meiner Hände ist zu stark geworden.

Sie haben ein sehr reiches Leben gehabt.
Ja, wohl.

Sie waren als Schuldirektor und Kapellmeister in Wenns sehr geachtet.
Ja. Das Amt des Direktors trägt dazu eigentlich bei. Mich freut es, ohne dass ich mir darauf etwas einbilde. „Alles Irdische ist vergänglich. Nur der Kuhschwanz, der bleibt länglich."

Das ist ein netter Schlusssatz.

Das Gespräch mit Franz Xaver Perkhofer wurde am 14. Juli 2005 in Wenns, Tirol, geführt.

Was man ist, das bleibt man

Franz Schelkshorn, Baumeister, Gastwirt, geboren 1903

Auf Franz Schelkshorn macht uns eine Zeitungsmeldung aufmerksam. Mit 100 Jahren ist er zum ersten Mal geflogen, mit einem Hubschrauber. Zu seinem 101. Geburtstag ging er mit einem Heißluftballon in die Luft. Und täglich, so wird berichtet, holt er noch das Auto aus der Garage. Im kleinen Ort Schollach, nahe der imposanten Stiftsanlage von Melk in Niederösterreich, lebt Franz Schelkshorn bei seiner Ziehtochter. Die Familie führt ein kleines Gasthaus mit dem treffenden Namen „Zum gemütlichen Eck". Franz Schelkshorn ist noch gut zu Fuß. Hurtig kommt er herein, setzt sich an den Tisch, richtet das Hörgerät ein, und es kann losgehen.

Hören Sie noch gut?
Ich höre noch ganz gut, außer es ist weiter weg. Die Hörgeräte sind auch schon abgenützt. Die ich früher gehabt habe, waren besser.

Müssen Sie denn sparen?
Nein, ich brauche nicht zu sparen. Bis zur Pensionierung habe ich schon gespart. Wenn man mit nichts anfängt! Meine Eltern hatten eine Wirtschaft mit vier, fünf Kühen, die konnten mir nichts mitgeben.
Ich habe wenig Volksschule gehabt. Ich konnte nur von Allerheiligen bis Ostern gehen, sonst musste ich daheim bleiben zum Arbeiten, da war ja der Erste Weltkrieg. Ich wollte etwas lernen, und so habe ich eine Lehrstelle als Schuhmacher begonnen. Damit musste ich aufhören, weil ich lungenkrank wurde. Ich wollte dann gerne Mechaniker werden, aber der Primar hat gesagt: „Das gibt es nicht. Sie müssen hinaus in die Luft."
Dann habe ich Maurer gelernt in St. Pölten. Die Lehre habe ich mir selbst gesucht. Da war ich schon 19 Jahre. Seinerzeit hat es schon eine Berufsschule gegeben, aber nur nach Arbeitsschluss um 17.30 Uhr.

Wie viele Kinder waren Sie?
Wir waren vier Kinder, ich war das jüngste. Eine Schwester ist mit 29 lungenkrank gestorben, eine war fort im Dienst.
Ich ging während der Lehre in die Gewerbeschule. Der Meister hat gesagt, im Frühjahr gibt es eine Ausstellung, jeder soll etwas machen. Ich habe einen großen Fischteich und ein Fischerhaus gemacht und habe von den 88 Buben in St. Pölten den ersten Preis kommen. Darauf hat mein Lehrmeister gesagt: „Hörst, Bub, es ist doch schade, wenn du so weitermachst." Ich sollte lieber in eine Schule fahren. Aber ich habe gesagt: „Mein lieber Herr Chef, wer soll mir denn das zahlen?"

Wie viel hat man als Lehrbub bekommen?
Nicht viel. Von St. Pölten bin ich jeden Tag mit dem Zug heimgefahren. „Wenn du bleibst, dann werden wir schauen, dass du im Sommer eine Arbeit hast, und im Winter fährst du in die Schule", hat der Chef gesagt. So haben wir es auch gemacht. Ich bin nach Wien in die Staatsgewerbeschule gefahren – heute heißt es HTL –, aber nur im Winter. Ich habe die Prüfung halbwegs bestanden.
Im dritten Jahr bin ich draufgekommen, wenn ich nur ein halbes Jahr in die Schule gehe, komme ich nicht mit. Da wird diktiert und diktiert, da kann man gar nicht alles erfassen. In Melk ist ein Stenografiekurs ausgeschrieben worden. Da habe ich gedacht, das wäre was für mich. Ein Stenografiekurs, da könnte ich mitschreiben, da behielte ich das im Kopf. Wie gesagt, so getan. Am Samstag bin ich gleich nach Melk gefahren. „Ja, ja", hat die Dame gesagt, „komm zweimal in der Woche." Das habe ich mit Erfolg gemacht. Bei der Abschlussprüfung war ich Zweiter. Wenn ich das Stenografieren nicht gehabt hätte, ich hätte die Gewerbeschule nicht packen können.

Dann waren Sie Maurergeselle.
Da war ich Maurergeselle, dann habe ich einen Polierkurs gemacht.

Das war in den 1920er Jahren.
Ja. Das war eine schlechte Zeit, wenig Arbeit, und – wie heißt es denn? Wissen Sie, ich bekomme jetzt so Gedächtnislücken. Wenn alles teurer wird, wie nennt man das? Inflation! Die war da ganz, ganz rapid.

Haben Sie als Maurer genug Arbeit gehabt?
Ja, im Sommer. Im Winter war ich in der Schule. Im März 1933 habe ich die Meisterprüfung gemacht. Von 1922 bis 1930 habe ich immer gelernt. Da habe ich viel hinten lassen müssen, die schönen Jugendjahre, da habe ich keine Zeit

gehabt zum Fortgehen. 1932 bin ich von St. Pölten weggekommen nach Nussdorf. Da war ich dann schon in der Kanzlei.

Waren Sie einmal arbeitslos?
Ich war nie arbeitslos, nein, nur einmal zwei Monate. Es war schwer, aber es ist gegangen.

Hat Ihnen die Maurerei Freude gemacht?
Es hat mich schon gefreut, ich habe das schon mit Liebe gemacht, auch die Zeichnungen. Dann war ich in Loosdorf bei einem Baumeister, der ist aber dann nach zwei Jahren nach Russland gegangen. Geld war er mir auch schuldig. Er sagte: „Nimm dir die sechs Leute, fang selbst an, du bekommst einen Gewerbeschein als Bauunternehmer, das ist ein freier Beruf." Da habe ich 1932 angesucht und mit sechs Leuten selbst zu arbeiten begonnen. Ohne Prüfung. Aber da ist nichts herausgegangen, weil ja die Zeiten so schlecht waren. Aber ich habe mir Arbeiten gesucht.

Sie haben als Baumeister Ihre eigene Firma gehabt.
1933 habe ich die Baumeisterprüfung gemacht. Ich habe gedacht, jetzt geht es. Ja, Schmarren! Ich bin nach Hause gekommen, am 13. oder 23. März, das kann ich nicht mehr genau sagen, und am 1. April ist die Gewerbesperre gekommen. Nichts mehr. Man konnte nicht mehr frisch anfangen.
Also bin ich beim alten Chef geblieben. Dann haben sie hier in der Gegend wieder gesagt: „Mach das bei uns." Ich habe es immer ganz schön hingekriegt. Mit acht, zehn Leuten habe ich es immer wieder bis Weihnachten, Nikolaus geschafft. Dann waren wir bis in den März hinein arbeitslos. Im April haben wir dann meist wieder unsere acht, zehn Leute gehabt.

Sie waren immer der Chef.
Ich war immer der Chef. Das war mir angenehm. Wenn man so lange Herren dient, dann ist es schön, wenn man sein eigener Herr ist. Ich war in Loosdorf 1951 der erste, der eine Mischmaschine gehabt hat. Das war schon etwas.

Waren Sie an Neuerungen immer interessiert?
Immer, immer. Heute noch, wenn ich etwas sehe.

Im Baugewerbe?
Ja, aber alles andere auch. Ich war immer neugierig.
Dann habe ich durch Zufall ein Mäderl kennen gelernt, und dann haben wir geheiratet.

Wie, durch Zufall?
Wissen Sie, wie mir die untergekommen ist? Seinerzeit war ich in St. Pölten beim Gesellenverein, und da haben wir Theater gespielt. Und da haben wir den „Lumpazi" *(das Stück „Der böse Geist Lumpazivagabundus")* gegeben. Ich habe mir gedacht, das könnten wir in unserem Ort auch machen. Also habe ich angefangen, die Leute zusammenzuholen, die wir dazu gebraucht haben. Dann haben wir uns selbst eine Bühne gemacht, haben uns die Vorhänge geschneidert.

Haben Sie selbst auch Theater gespielt?
Ja. Ich habe im „Lumpazi" meistens den Schneider gespielt und ich habe die Leitung gemacht.

Wie lange haben Sie das Theater geleitet?
Die letzte Aufführung haben wir 1977 gemacht, da habe ich noch die Leitung gehabt. Gespielt habe ich nicht mehr selbst.

Beim Theaterspielen haben Sie eine fesche junge Frau kennen gelernt?
Einmal haben wir das Stück „Die Junggesellensteuer" gespielt, und da haben wir noch eine gesucht, die eine alte Jungfer spielt. In Schollach hat die keine spielen wollen. Meine Gattin war in Sooß, sie war Kleidermacherin. Da kommen

welche daher und sagen: „Wir haben eine, die macht uns das." So sind wir bekannt worden. Das ist dann eine Liebeszeit geworden, und dann haben wir geheiratet. Meine Frau hat Katharina geheißen. 1933 haben wir geheiratet.

Damals waren Sie schon Baumeister und eine gute Partie?
Bis 1938 konnte ich nicht selbstständig als Baumeister arbeiten, weil ich ja in die Gewerbesperre gefallen bin. Meine Gattin hatte auch die Meisterprüfung als Schneiderin. Ich habe mir vorher schon immer etwas beim Wirt dazuverdient, habe bei Hochzeiten ausgeschenkt. Da haben sie mir im Ort ein Gasthaus zur Pacht angeboten. Billig war es, ein Nebengeschäft. Ich habe mir gesagt, meine Frau ist eh daheim mit der Schneiderei, und ich kann meinem Geschäft nachgehen. Wir haben es gepachtet und waren 22 Jahre auf dem Haus. Ich habe immer gekämpft mit meiner Konzession. Im Winter sagt unser Bürgermeister: „Hörst, das gibt es nicht. Du hast von allen Baumeistern die Zustimmung bekommen und bekommst die Bewilligung nicht!" Dann sind sie mit einem Nationalratsabgeordneten der Geschichte nachgegangen. Das war einige Wochen, bevor der Hitler gekommen ist. Da sagt er: „Du bekommst sie. Wir wissen jetzt, wer dahinter steckt, dass du die Konzession nicht bekommst." In Loosdorf war ein Vertrauensmann für die Gewerbetreibenden, der hat mir immer einen Hund hinein gehaut. Der hat gesagt: „Der braucht das nicht. Der arbeitet auch so immer."

Hatten Sie die falsche Partei damals?
Vielleicht auch, das ist möglich.

Wo haben Sie dazu gehört?
Ich war immer auf der christlichen Seite. Ich bin so erzogen worden und bin so geblieben. Wenn man selbstständig ist, ist man bei der ÖVP geblieben. Ich wechsle nicht. Was man ist, das bleibt man.

Dann habe ich die Konzession bekommen, ich konnte frei arbeiten. Aber dann ist der Krieg gekommen. Ich konnte dann erst nach dem Krieg richtig anfangen. Ich musste einrücken, 1941, nach Neuhaus im Triestingtal. Von dort sind wir versetzt worden nach Engerau, an die ungarisch-tschechische Grenze, vis-à-vis von Pressburg. Bei meiner Ausbildungszeit bei der Wehrmacht habe ich am Hals Beulen bekommen. Bei den letzten Übungen im Feld hat mich unser Kompaniechef angeschaut, er war ein recht netter Kerl, und gesagt: „Was haben Sie am Hals?" „Entschuldigen Sie, Herr Hauptmann, die Drüsen." „Auf meinen Befehl morgen zum Arzt", sagt er. Natürlich bin ich erst am übernächsten Tag gegangen, denn am nächsten war ein Marsch nach Mayerling, da wollte ich hin, weil ja dort die Kronprinzgeschichte war. Also bin ich erst am Samstag gegangen. Der Arzt hat mich nach Wien ins Spital geschickt, da war ich drei Wochen.

Welche Krankheit hatten Sie?
Ich habe Lympfknotentuberkulose gehabt.Vom Spital bin ich nach Bad Hall gekommen, sechs Wochen Erholung. In Bad Hall waren meine schönsten sechs Wochen. Ich habe nicht viele Schmerzen gehabt, baden konnte ich jeden Tag gehen, die Kur mit Jod mitmachen, trinken. Ich habe meiner Familie kistenweise Orangen geschickt, wir haben das damals bekommen, auch Schokolade. Dann war ich insgesamt sechs Wochen daheim.

Pflegetochter Gisi führt das Gasthaus und unterstützt Herrn Schelkshorn immer wieder mit Details, die nicht mehr in der Erinnerung haften geblieben sind. Sie ist Jahrgang 1933. Mit zwei Jahren wurde die Vollwaise vom Ehepaar Schelkshorn wie eine Tochter aufgenommen. Einen eigenen Sohn bekam das Ehepaar erst 1940. Der Sohn ist schon gestorben. Insgesamt sieben Enkelkinder zählen zur Familie.

Von dort weg bin ich wieder nach Engerau gekommen, da war ich nicht mehr kriegsverwendungsfähig, sondern nur mehr arbeitsverwendungsfähig durch meine Krankheit.

Sie mussten nicht ins Feld einrücken?

Wenn man ein wenig tachinieren kann, dann tut man das, es war ja Krieg. Dort war ich eine Zeitlang arbeiten in einer Fabrik. Da ist einer gekommen, hat gesagt: „Hören Sie, Sie haben daheim ein Gasthaus." In der Offiziersmesse sei einer weggekommen, ob ich nicht helfen möchte. „Ja, gerne." Wir mussten nicht in der Früh zum Appell aufstehen wie alle anderen, konnten bis neun Uhr liegen bleiben, dann mussten wir in der Offiziersmesse alles zusammenräumen vom Vorabend. Am Abend mussten wir so lange bleiben, bis die Offiziere ins Bett gegangen sind. Wir haben das Essen holen und ihnen hintragen müssen, das Trinken auch, nachher wegräumen, zusammenräumen. Wir haben auch immer ein bisschen mitschmarotzt. Das hat vierzehn Tage, drei Wochen gedauert.

Da hat mich einer aufgeweckt, der hat gesagt: „Hörst, du musst aufstehen, du wirst versetzt nach Obertraun am Dachstein." Ich habe zwölf Mann mitgenommen. Was mussten wir machen? Wir mussten die Telefonleitung von Obertraun auf den Dachstein verkabeln. Dort oben war die Artillerieschießschule. Das war von 1942 bis zum Februar 1943.

Dann bin ich wieder nach Engerau zurückgekommen. Einer hat zu mir gesagt: „Wenn du schreiben kannst, melde dich in der Schreibstube." Am nächsten Tag habe ich mich dort gemeldet. Ich habe eine Schreibprobe gemacht, die hat gepasst, also haben sie mich zugeteilt als zweiten Karteiführer. Dort war ich bis zum Abrüsten, im Juli 1944.

Wieso haben Sie schon vor Kriegsende abgerüstet?

Was da alles noch kommt! Dann war ich noch einmal in Bad Hall. Unser Oberstabsarzt hatte in Bad Hall eine Bastelwerkstatt, damit die Leute sich die Zeit vertreiben können. Ich habe dort gebastelt. Für unsere zwei Kinder habe ich Spielzeug gemacht und auch für die Kinder des Arztes. Als ich fertig war, hat der Oberstabsarzt gesagt, ich soll das Spielzeug seiner Frau bringen. Die hatte eine große Freude. Ich war schon im Gehen, da hat er mich gefragt, wo ich her bin. Habe ich gesagt: „Schollach bei Melk." „Da wird ja etwas gebaut", hat er gesagt. Da haben die Steyrwerke in den Wachtberg ein Kugellagerwerk für Flugzeuge gebaut. Das waren vier Kilometer lange Stollen, ein Kreuzgang. Da hat der Arzt gesagt: „Da können Sie im Baufach etwas machen." Er hat mich herunter geschickt und mir die Entlassung geschrieben. Ich habe große Freude gehabt. Ich konnte ja wirklich nichts Vernünftiges mehr machen beim Militär. Und daheim ist daheim. Am 25. Juli bin ich heimgefahren.

Hat einmal jemand versucht, Sie zur Nationalsozialistischen Partei zu bringen?

Mich? Nein. Ich war nicht Mitglied bei den Nazis, aber damit ich meine Konzession leichter bekomme, habe ich ihnen schon auch manchmal geholfen. Fast die ganze Lehrerschaft war Mitglied bei den Nazis. Jeder hat gehofft, dass es besser wird. Wenn man die schlechten Zeiten so erlebt, wie sie damals waren.

Als ich daheim war, ist die Krankheit schlechter geworden. Ich konnte fast nicht mehr gehen oder Rad fahren, so stark haben mich die Glieder geschmerzt.

Aber jetzt wirken Sie ganz gelenkig.

Ich war ja früher doppelt so dick wie jetzt. Das meiste habe ich vor zwei Monaten abgenommen. Beim Magenoperieren habe ich auch abgenommen. Am 11. Dezember 1970, da haben sie mir den Magen herausgenommen, ich habe nur mehr ein Drittel. 1962 haben die Darmblutungen angefangen. Da bin ich einmal fast gestorben.

Als Sie aus dem Krieg zurückgekommen sind, waren Sie eine Zeitlang ganz schlecht beisammen.
Nach dem Krieg konnte ich wegen der Schmerzen gar nicht arbeiten. Ich konnte mich überhaupt nicht rühren, vor allem in den Achseln hatte ich furchtbare Schmerzen.
Wir hatten einen guten Arzt in Loosdorf, der hatte seinerzeit schon eine Quarzlichtbestrahlung, der hat mich in vier Jahren wieder halbwegs hinbekommen. Nur an einem Arm habe ich noch Brandwunden. 1950 war ich wieder halbwegs gesund. Ich habe das Baugeschäft weitergeführt. Aber bis ich die Schmerzen verloren habe, das hat bis 1950 gedauert.

Wie war das Kriegsende für Sie, wie haben Sie das erlebt?
Bei Kriegsende waren wir in unserem Gasthaus. Als die ersten Russen gekommen sind, haben wir gerade in der Küche gejausnet. Ich bin mit einem Nachbarn zur Kreuzung gegangen und habe geschaut. Die Russen sind mit Rädern gekommen, aber an uns vorbeigefahren. Wir haben einen gehabt, der war im Ersten Weltkrieg als Kommunist in der russischen Armee. Der ist am Brückerl gestanden und hat Russisch mit ihnen geredet. Sie haben ihm gleich die Uhr weggenommen. Er hat den Russen dann nicht mehr geholfen. Statt dessen hat er dann den Leuten im Ort geholfen, wenn die Russen ihnen nahe gekommen sind.

Was war mit den Nazis nach dem Krieg?
Nazis waren bei uns nicht so viel. Die wurden auch nicht verfolgt. Einer hat sich selbst erschossen, drei, vier, die in Loosdorf eine führende Stelle hatten, haben sich weggeräumt.

Was hat man damals, während des Krieges, davon gewusst, was wirklich los ist an der Front, in den Konzentrationslagern?
Wir haben das schon teilweise erfahren, was im Krieg war. Ich musste Gott sei Dank nicht nach Russland, weil ich ja krank geworden bin.
Noch heute fragen mich die Leute: „Wie hast du das gemacht, bist aus der Armee als halber Krüppel zurückgekommen und dann 100 Jahre alt geworden?“ Ich sage: „Ich kann euch das auch nicht sagen, das ist halt so gekommen.“

Sie hätten wahrscheinlich selbst nicht geglaubt, dass Sie so alt werden.
Ich habe nie geglaubt, dass ich so ein Alter erreichen kann. Ich habe mich schon gehalten, habe mit dem Rauchen aufgehört. Ich sage immer: „Ihr habt keine Willenskraft. Wenn ich weiß, ich darf etwas nicht machen, dann mache ich es nicht.“

Sie waren immer diszipliniert.
Ja. Ich habe schon auf mich geschaut. Ich habe dann auch 1955 einen Leberdefekt bekommen. Da habe ich zwei Jahre keinen Alkohol getrunken, keine tierischen Fette, kein schwarzes Brot gegessen. Damals hatte ich schon ein eigenes Geschäft, das ganz gut gegangen ist. „Bauunternehmer Franz Schelkshorn“ hat das geheißen.

Wie groß war Ihr Unternehmen?
Ich habe mit acht, zehn Leuten angefangen und bin auf vierzig hinaufgekommen. Zehn, zwölf hatte ich immer. Das meiste Geschäft hatte ich in Loosdorf und hinein in den Süden. So habe ich selbstständig gearbeitet bis zu meiner Pensionierung im Jahr 1970.

Das Wirtshaus hatten Sie immer auch noch daneben?
1954 haben wir hier heroben angefangen, vorher waren wir 22 Jahre im anderen Gasthaus. Da haben wir innen alles neu gemacht.
Das muss ich Ihnen noch erzählen. Unten hatten wir eine Küche, die war zwei Meter breit, und ein Zimmer, da haben wir geschlafen, darin-

nen hatten wir auch die Schneiderei, und ich habe dort gezeichnet.

Alles in einem Zimmer?
Ja. Wir hatten ja sonst keinen Platz. Ich hatte für mich zum Zeichnen ein aufklappbares Brett gemacht.

Ist die Schneiderei Ihrer Frau gut gegangen?
Meine Frau hatte ein Lehrmädchen, ich meistens drei Lehrbuben. Heute nähe ich mir das meiste selbst, was halt geht ohne Maschine.
Meine Frau hat viele Hochzeitssachen genäht.

Wie alt wurde Ihre Frau?
93 Jahre. Sie ist am 3. Juli 2002 gestorben.

Sie waren lange verheiratet.

Wir haben alles gefeiert. Die silberne Hochzeit konnten wir nicht feiern. Damals haben wir den Saal beim Gasthaus gebaut, sonst hätten wir die Musiker nicht untergebracht. Wir sind am Tag nach dem Hochzeitstag mit dem Rad nach Maria Taferl gefahren. Die Goldene haben wir dann schon mehr gefeiert. Wir waren fast 70 Jahre verheiratet.

Waren Sie gut verheiratet?
Gut, ja, sehr gut.

Anlässlich der Diamantenen Hochzeit wurde das Ehepaar in eine Fernsehsendung in den ORF nach Wien eingeladen. Das Ereignis gehört zu den Highlights im Leben des Franz Schelkshorn. Nach seiner Pensionierung als Baumeister machte Franz Schelkshorn bis 1986 noch Kommissionierungen für Grundstücke in den Orten der Umgebung.

Sie sind auch immer gerne mit dem Auto gefahren.
Das erste Auto habe ich 1953 bekommen, einen Topolino. Nachher habe ich einen VW bekommen, dann den 700er Puch, den Kastenwagen, der hat mir recht imponiert. Das war ein Büffel, der Wagen. Dann haben wir den Opel bekommen. Jetzt habe ich wieder einen Opel, einen Astra. Mit dem fahre ich noch immer, fast jeden Tag. Nach Loosdorf, nach Melk, nach Hürm.

Pflegetochter Gisi erzählt, dass Franz Schelkshorn todunglücklich wäre, wenn er einen Tag daheim bleiben müsste. Sein Talent, Menschen zu unterhalten, würde ihm seit jeher zugute kommen. Daheim in der Gastwirtschaft, aber auch, wenn er fort ist. Jedes Jahr macht er zwei Wochen Urlaub im Heim des Kriegsopferverbandes. Bis vor kurzem hat er auch noch getanzt und die Damen unterhalten. Er gibt auch gleich eine Geschichte zum Besten von sechs Herren, die sich darüber unterhalten, was Liebe ist. Im Wettstreit der Argumente hätten zwei Akademiker gesagt: „Nach unserem Studium ist Liebe von 14 bis 20 eine vereinzelte Bastelei, von 20 bis 45 Kraft durch Freude, von 45 bis 60 Schönheit der Arbeit, von 60 bis 75 Triumph des Willens, von 75 bis 80 eine technische Nothilfe, von 80 bis 90 eine entartete Kunst und über 90 SOS Kamerad, wo bist du?" Darüber muss er selbst am meisten lachen.

Mit 92 war die letzte Sache bei mir, das ist Tatsache. Dann war es gänzlich aus. Nicht mehr oft, aber alle paar Wochen einmal. Da waren wir zufrieden, alle zwei.

Über 30 Jahre war Franz Schelkshorn Obmann des Kriegsopferverbandes, fast ebenso lange Kommandant der Feuerwehr. Bis heute geht er bei Begräbnissen von Kameraden mit.

Wie möchten Sie Ihr eigenes Begräbnis einmal haben?
Mein Begräbnis möchte ich einmal ganz normal. Die kommen eh von selbst die Leute.

Wie alt möchten Sie werden?
Ich hätte schon vor, dass ich noch eine Zeitlang lebe. Ohne Frau, bis man das gewohnt ist, bis man das verkraftet, das dauert eine Zeit. Aber so

geht es mir gut. Meine Angehörigen sind recht besorgt um mich. Ich helfe auch mit im Haushalt, wenn es geht.

Denken Sie manchmal ans Sterben?
Ich denke manchmal schon ans Sterben. Aber ich denke, das kommt eh von selbst. Ist es nicht so?

Das Gespräch mit Franz Schelkshorn wurde am 4. Februar 2005 in Schollach, Niederösterreich, geführt.

Was das Leben einem Greis zu bieten hat

Günther Schwab, Autor und Umweltaktivist, geboren 1904

Lange vor Günther Schwab selbst kenne ich einige Titel seiner Bücher. „Die Leute von Arauli", „Der Tanz mit dem Teufel" oder „Land voller Gnade" sind nur drei von insgesamt 52 Büchern, die in einer Auflage von rund 800.000 Stück erschienen sind.

Günther Schwab kam am 7. Oktober 1904 in Prag zur Welt. Er lebt mit seiner Tochter Edith Vardasz in Salzburg. Das alte Haus direkt an der Salzach hat schon bessere Zeiten gesehen. Auch ihr Vater, hat Edith Vardasz die Besucher vorgewarnt, sei nicht mehr gut beisammen. An manchen Tagen spreche er nur sehr schlecht.

Günther Schwab sitzt am kleinen Esstisch im Speisezimmer. Vor ihm steht eine Tasse Tee, aus der er kleine Schlucke nimmt.

Edith Vardasz kramt in Mappen, um das vollständige Werkverzeichnis ihres Vaters hervorzuholen. Günther Schwab versucht etwas zu sagen. Vergeblich. „Heute ist es wirklich ganz schlecht", sagt Edith Vardasz. „Das ist der Altersparkinson." Die Krankheit verursache Lähmungserscheinungen und so starke Schleimabsonderung, dass ein Sprechen unmöglich sei. Edith Vardasz legt ihrem Vater eine Tablette hin. „Bitte, Vati, nimm die, vielleicht wird es dann besser."

Edith Vardasz gibt mir eine Liste mit den Ehrungen, die ihr Vater bekommen hat. Er ist Ehrenbürger der Stadt Salzburg, Träger des Wappenringes der Stadt Salzburg, Ehrendoktor der Universität Den Haag und der Universität für Bodenkultur in Wien, man hat ihm den Professorentitel verliehen und das Ehrenkreuz für Wissenschaft und Kunst, 1. Klasse.

Bis 92, erzählt Edith Vardasz, sei ihr Vater gut beisammen gewesen, da sei er noch Auto gefahren. Wir versuchen langsam in ein Gespräch zu kommen.

Sie waren viel in den Bergen, in der Natur, im Wald, Herr Schwab?
Ich bin ja Förster von Beruf. Ich war beim Fürsten Schwarzenberg in der Steiermark und war immer ein naturverbundener Mensch. *(Er räuspert sich.)* Das ist das Unangenehmste, die Behinderung des Sprechens.

Edith Vardasz erzählt vom harten Dienst des Vaters im Hochgebirge, im Pusterwald auf 1200 Metern. Im Winter sei er stundenlang im hüfthohen Schnee zu Fuß gegangen, mit dem Rucksack und dem Hund auf den Schultern. Er habe im ersten Jahr oft gefürchtet, dass er das nicht durchstehe. Aber er habe sich dann körperlich so ertüchtigt, dass er das sehr wohl durchgestanden habe.

Herr Schwab, haben Sie als junger Mensch nach dem 1. Weltkrieg große Hoffnungslosigkeit empfunden?
Das war schon hart. Mein Vater war Großkaufmann, er hatte eine Firma mit zwanzig Angestellten, Uniformierungsfirma. Die haben zum Beispiel im alten Österreich sowohl in Galizien als auch in Bosnien ihr bestes Geschäft gemacht. Weil damals vor dem Ersten Weltkrieg hatte Österreich Bosnien-Herzegowina besetzt, und es wurde alles österreichisch uniformiert. Da hat mein Vater das große Geschäft gemacht. Nicht Militär, sondern Gendarmerie und Finanzwache.

Ihr Vater hat mit den Uniformen ein gutes Vermögen gemacht?
Mein Vater hatte zu Kriegsbeginn ein Vermögen von ungefähr zwei Millionen Kronen, das war sehr viel Geld damals. Aber als der Krieg kam, sind achtzig Prozent der Finanzer und Gendarmen eingerückt zum Heer, da war das Geschäft aus.

War Ihr Vater damals sehr deprimiert?
Ja, schon, denn nach dem Ersten Weltkrieg ist auch Galizien weggefallen, wo mein Vater das beste Geschäft hatte. Da waren sämtliche Finanzwachposten und Gendarmerieposten in Galizien und in der Herzegowina weg.

Sie waren 14 Jahre alt, als der Krieg zu Ende war. Aber Sie sind schon vorher mit der Familie nach Wien gekommen.
Im Sommer 1918. Mein Vater hatte seine ganze Firma samt Einrichtung und Angestellten von Prag nach Wien übersiedelt. Aber er konnte nicht mehr Fuß fassen. Die Wiener Firmen waren alteingesessen, bekannt und eingeführt, und die haben nach dem Krieg das Geschäft übernommen, und der Zugereiste, der aus Prag kam, der konnte sich nicht mehr halten. Darunter hat er sehr gelitten.

Wie war das für Sie als junger Bursche?
Ich als der Sohn eines Großkaufmannes musste natürlich auch wieder Großkaufmann werden. Als wir nach Wien übersiedelten, hat mich mein Vater auf die Handelsakademie gesteckt. Am Karlsplatz. Ich habe das als selbstverständlich hingenommen, und doch war es ein Abschied. Mein Vater konnte sich kommerziell und finanziell nicht mehr erholen, und mir war das Lernen an der Handelsakademie zuwider. Damals habe ich erstmals zu fühlen begonnen wie ein Förster, in einer ganz anderen Welt, und das war der entscheidende Punkt, wo ich vom Kommerz in den Wald gewechselt habe.

Sie haben als junger Mensch keinen rechten Platz für sich gefunden, verstehe ich das richtig?
Ja, das stimmt schon zum Teil. Ich bin ja, nachdem ich in der Heimat nicht angekommen bin, ins Ausland gegangen. Ich war in Korsika und Nordafrika. Das war sehr interessant, aber irgendwie ungeordnet, richtungslos, hoffnungslos. Bis ich dann im Jahre, ich weiß nicht mehr genau wann, in der Steiermark als Förster angekommen bin. Da bin ich geblieben bis zum Krieg. Ich wurde eingezogen und ... In meinem

Hochgebirgsdorf war alles zerstört, was ich mir aufgebaut hatte. Nach dem Krieg habe ich dann versucht, wieder normal zu leben. Dann habe ich mein Hochgebirgsbuch geschrieben, dadurch kam ich in das Schriftstellern hinein. Ich habe den „Förster vom Silberwald" geschrieben, einen großen Wurf, aber ich habe nicht verstanden, das finanziell zu nutzen. Der Regisseur hat Millionen verdient, ich habe 30.000 Schilling verdient. Selber schuld, ich habe die Situation nicht erfasst. Na ja, und so hat das angefangen.

Was war die beste Zeit in Ihrem Leben?
Der Pusterwald, bevor ich eingezogen wurde.

Da hatten Sie Ihren Platz gefunden?
Ja, ja. Nach dem Krieg habe ich in der Forstverwaltung einige Jahre gedient, und dann kam beinahe jedes Jahr ein neues Buch dazu, sodass ich mich schließlich aus dem Beruf zurückziehen und als freier Schriftsteller und Vortragender leben konnte. Damals habe ich aber besser gesprochen als heute.

Ich habe gehört, dass Sie ein ausgezeichneter Vortragender waren.
Ja? Das war ausnahmsweise ein Wohlwollender, der das gesagt hat.

Was waren dabei Ihre wichtigsten Themen?
Ich habe aus meinen Büchern gelesen. Episoden, Gespräche und so weiter. Ich habe sehr viel an Schulen gelesen, und die Lehrerschaft hat das begrüßt, weil die Kinder auf diese Weise eine dialektfreie Sprache gehört und gelernt haben. Nach dem Krieg kam ja dann unweigerlich die Situation des Naturschutzes in einer industriell explodierenden Umwelt, und dann habe ich die Richtung Umweltschutz gefunden. Da damals meine Bücher schon sehr stark gekauft wurden, habe ich mich aus dem Beruf gelöst und selbstständig gemacht. Als so genannter freier Schriftsteller.

Genießen Sie das Leben bis heute?
Was das Leben einem Greis am Ende seines Lebens bieten kann, das bietet es mir noch. Ich meine, nicht alles. Ich gehe nicht mehr jagen, ich töte kein Tier mehr. Und so geht es halt langsam auf die Endstation zu.

Mit welchem Gefühl sehen Sie dem entgegen?
Mit einem Lächeln. Ich war im Krieg und war x-mal in schwierigen Situationen. Ich hätte zehnmal zu Grunde gehen können, dazu gab es viele Gelegenheiten. Ich habe sehr viel Glück gehabt. Dazu kam, ich hatte eine gute Frau, ich hatte zwei gute Kinder. Und so habe ich den Umstieg vom Stadtmenschen zu einem Landmenschen, von einem Bankbeamten zu einem Forstbeamten erfolgreich und zufriedenstellend hinter mich gebracht. Man muss zufrieden sein. Ich habe Gott sei Dank kein Leiden, keine Krankheit. Und die paar Tage, die ich noch habe, die werde ich hoffentlich noch einigermaßen anständig hinter mich bringen.

Was ist das für ein Lebensgefühl, wenn man auf ein so langes Leben zurückblickt?
Es ist auf jeden Fall ein Gefühl der Dankbarkeit. Sehen Sie, ich bin ja im Krieg gewesen, und da war es nicht schwer zu sterben.

Wenn man so alt ist wie Sie und dem Tod doch schon relativ nahe, was denken Sie: Wird es ein Leben nach dem Tod geben oder wird es zu Ende sein? Werden sich Körper und Geist trennen oder werden beide gemeinsam vergehen?
Die Vorstellung der Fortsetzung des Lebens in einer anderen Form, in einer anderen Welt, diese Vorstellung ist so gewaltig, dass wir als heute Lebende das nicht ausschließen können, aber uns auch nicht vorstellen können. Ich glaube an ein Fortleben nach dem Tode, aber nicht in der leiblichen Form. Nicht also durch Fortsetzung des körperlichen Lebens mit allen Eigenschaften, sondern in einer höher stilisier-

ten Form, welche die Persönlichkeit auslöscht. Wir sind zu klein und zu kurzlebig und zu dumm, um das zu begreifen. Aber irgendetwas ist da, das weiterlebt in einer vollkommenen Form.

Ist für Sie die Vorstellung eines Gottes oder einer höheren Macht von Bedeutung?
Ja. Die Welt so, wie wir sie kennen und erleben, könnte nicht bestehen ohne eine latente Kraft, eine Kraft, die vielleicht unsichtbar, vielleicht sogar unfühlbar ist, aber an die wir doch glauben, weil sie unser Leben zu stark beeinflusst. Und es ist schön, sich in dieser Kraft geborgen zu fühlen, wenn wir auch diese Kraft nicht personifizieren dürfen. Ich glaube nicht an das persönliche Weiterleben, aber doch gibt uns das irdische Leben die Überzeugung, es gibt den Herrgott. Er ist so gewaltig und allgegenwärtig, dass wir uns ihn nicht vorstellen können. Wir sind zu klein, aber die Kraft ist da, und die Menschen haben zu allen Zeiten versucht, diese Kraft zu personifizieren. Wir sind zu klein, um uns den Herrgott vorstellen zu können. Etwas ist da, überall in diesem Leben und im Tod, aber wir können es uns nicht vorstellen. Allein der Glaube, dass es so etwas gibt, ist sehr hilfreich.

Ist das für Sie auch ein Trost über die Begrenztheit des Lebens?
Ja. Ja.

Wie ist das in Ihrem Alter: Haben Sie noch eine Liste mit Unerledigtem?
Nein. Das habe ich nicht. Ich habe die Überzeugung, dass unser Leben sinnvoll war, dass es eine Aufgabe hatte, die ich vielleicht nicht erkannt und erfüllt habe. Und dass es etwas gibt, das wir uns nicht vorstellen können und wofür wir den Namen Gott haben. Gott, das ist zu groß für uns. Aber es ist da.

Herr Schwab, ein Großteil Ihres Werkes hat sich mit der Schöpfung beschäftigt. Welches Verhältnis bekommt man zur Schöpfung, wenn man an Gott oder eine bestimmende Macht glaubt?
Ich glaube, das ist das höchste aller Glücksgefühle. Wir sind zu klein, um uns das in Form und Farbe vorstellen zu können, aber es ist. Gott ist zu groß, um ihn zu benennen, um ihn an die Wand zu malen. Gott ist zu groß für die Bibel. Aber er ist. Sonst gäbe es kein Leben, das ist ja das Wunderbare am Leben, dass wir an eine Grenze stoßen und wissen, jenseits ist die Wahrheit.

Gibt es für Sie eine Hoffnung, im Jenseits auch einmal etwas von der ganzen Wahrheit wahrzunehmen?
Es ist schwer vorstellbar, aber es ist so, wie Sie sagen. Es gibt die Möglichkeit, die ganze Wahrheit zu leben und vielleicht sogar mitzuwirken. Aber für gewisse Dinge sind wir zu klein.

In Ihren Büchern haben Sie sich stark mit der Rolle des Menschen in dieser Schöpfung beschäftigt, und der Mensch kommt dabei nicht besonders gut weg.
Nun ja. Aber ohne Anklage, der Mensch ist ein ganz kleines, unbedeutendes Würmchen. Aber dass er etwas Großes, etwas Göttliches sich vorzustellen vermag, das ist das Große an ihm. Für mich ist die Welt ein schönes, beglückendes, harmonisches Ganzes. Und ich kann mich mit einer Ameise unterhalten. Auch das ist Religion. Aber für die große Masse der Gläubigen müsste die Lehre in eine bestimmte Form, in eine bestimmte Sprache gebracht werden.
Für den echten, gläubigen Christen ist die Bibel das Um und Auf, für mich nicht. Für mich ist die Bibel der gläubige, kindliche Versuch, das Göttliche zu ertasten. Ich glaube, das ist sehr menschlich.

Sie haben in Ihrem langen Leben auch erlebt, dass die Menschen sehr anfällig sind, vorläufigen Formen, Ideologien nachzulaufen.
Das ist unvermeidlich.

Ist der Mensch aus Angst vor dem Tod verführbar?
Es gibt eine Sorte Mensch, die sich vor dem Tod fürchtet. Aber die Furcht ist unberechtigt. Ich glaube nicht an die Höllenglut, an den Teufelsspuk.

Haben Sie denn Hoffnung für die Welt? Sie haben sich in Ihren Büchern sehr dafür engagiert, dass die Menschen umdenken, mehr Respekt haben vor der Schöpfung. Das ist schon fünfzig Jahre her. Hat sich etwas zum Besseren gewendet?
Es wendet sich dauernd etwas zum Besseren. Es gibt Dinge, die wir nicht erfassen, aber die wir spüren. Dieses Spüren ist das eigentliche Leben. Es ist etwas Beglückendes, der Gottglauben, die Frömmigkeit, die Kraft in der Not, die Kraft für andere. Es gibt so viel Schönes, so viel Gutes, Großes, Starkes, dass wir es gar nicht erfassen.

Sie haben sich mit dem „Weltbund zum Schutz des Lebens" engagiert. Wie wichtig ist es, sich auch auf diese Art zu engagieren?
Es ist jede Form des Engagements wichtig. Wir haben ja keine andere Möglichkeit, in diesem Sinne zu wirken. Wenn ich draußen in der Natur bin, fühle ich mich geborgen. Ich bin nicht allein. Ich weiß, es sind Millionen göttliche Dinge um mich herum. Wenn ich es auch nicht sehe, höre, verstehe, aber sie sind da. Und wenn ich nicht daran glaube, so bin ich kein Mensch. Das Leben ist ein schönes Ding, auch für mich, einen Hundertjährigen. Und ich sterbe nicht gern. Aber einmal muss ein Ende sein.

Gibt es etwas, das Sie bereuen oder das Sie besser anders gemacht hätten?
Ja. Ich war als Förster natürlich auch Jäger, und die waidgerechte Jagd ist auch etwas Schönes, Edles, Gewachsenes, etwas Wertvolles. Doch ich möchte heute kein Tier mehr töten. Wenn es sein muss, und es muss sein, dann sollen es andere machen, aber nicht ich. Ich fühle mich dem Tier gegenüber viel zu stark verbrüdert. Und Tiere sind viel, viel gottähnlicher, als wir vermuten.

Sie waren beim Natur- und Umweltschutz führend. Waren Sie ein Befürworter der Grünen?
Ja, auf jeden Fall. Wichtig ist das Suchen nach Wahrheit, auch wenn man die Lüge für die Wahrheit hält.

Günther Schwab beginnt in seinem Buch „Schweinerei im Countryclub" zu blättern. „Ich habe keine Ahnung, was da drinnen steht", meint er. Er wird müde.

Womit beschäftigen Sie sich jetzt?
Mit Schlafen und Essen.

Interessieren Sie sich noch für die Welt?
Oh ja.

Was verfolgen Sie da?
Ich denke immer an die Zeit, wo es auf der Erde keine Menschen mehr geben wird. Ich frage mich, wie wird das sein, wer hat dann das Sagen?

Glauben Sie, dass es eines Tages keine Menschen mehr auf der Welt geben wird?
Das ist ganz sicher.

Warum wird es keine mehr geben?
Es wird ihnen die Kraft fehlen.

Sie meinen, dass der Mensch degeneriert?
Ja.

Warum degeneriert er? Er hat alles in seinen Genen, was er zum Überleben braucht. Das Überleben ist doch sehr stark angelegt im Menschen.
Es hat in den vergangenen Jahrmillionen immer Lebensformen gegeben, die im Stadium gewisser Höhepunkte vielleicht die Erde beherrscht haben und schließlich verschwunden sind. So wird es auch den Menschen gehen.

Es gibt sogar in der Bibel die Vorstellung der Apokalypse, dass die Menschen eines Tages auch sich selbst vernichten, dass sie ihre eigene Zerstörung betreiben.
Das tun sie heute schon.

Kann man das stoppen?
Ja, durch die Religion. Aber nicht im biblischen Sinne.

Es gibt in der biblischen Religion die Einstellung, der Mensch müsse sich die Erde untertan machen. Ist das schuld an der Zerstörung der Welt?
Jede Lebensform, jeder Grashalm, jede Mücke verbraucht ein Stück Umwelt. Das Moment der Zerstörung ist also mit dem Leben verbunden. Das ist ein Naturgesetz.

Was würden Sie einem jungen Menschen gerne mitgeben wollen als Hundertjähriger? Einem Menschen, der ganz am Anfang seines Lebens steht, als Haltung, als Perspektive?
Seid gut, aber seid schlau, damit ihr nicht zu Schaden kommt. Das Gute ist da, wir müssen es sehen, erleben, wirken lassen, dann wirkt es. Wenn wir es nicht sehen oder nicht wahrhaben wollen, dann wirkt es nicht.

Was meinen Sie mit „schlau sein"?
Das Böse nicht herausfordern, das Böse nicht stärken durch bewusste Irrtümer. Und wenn wir sagen das Böse, sollten wir sagen: das Zerstörende, obwohl in anderem Sinne die zerstörende Kraft in der Welt auch eine aufbauende Kraft hat. Man kann heute zweifelsfrei feststellen, was dem Leben dient und was nicht.

Woran erkennt man das Böse?
Das Böse kann man nicht erkennen, sondern man muss es erfühlen. *(Er macht eine kleine Pause.)* Aber Sie brauchen sich nicht zu fürchten, dass die Welt gleich untergeht.

Günther Schwab blättert wieder in seinem Buch und signiert es. Es ist ruhig im Raum. Zum Abschied zieht sich Günther Schwab aus seinem Stuhl hoch und gibt mir einen Handkuss.

Das Gespräch mit Günther Schwab wurde am 25. Februar 2005 in Salzburg geführt.

1978 weiter nach Graz
und
WSL. Quartier Hotel
Trost.

Man war über alles informiert

Karl Steinmair, Gemeindesekretär einer Landgemeinde, geboren 1904

Karl Steinmair wohnt in dem kleinen Ort Schiedlberg in Oberösterreich. Sein Haus ist gleich gegenüber dem Gemeindeamt, mitten im Ort. Die Gemeinde, das Gemeindeamt haben sein Leben geprägt. Von 1929 bis 1964 war er Gemeindebediensteter und Gemeindesekretär des Ortes. Seit dem Tod seiner Frau im Jahr 2000 lebt Karl Steinmair allein in seinem Haus. Er macht sich noch weitgehend alles selbst. Tagsüber kommt seine Tochter Erna, kocht für ihn und geht mit ihm eine Runde spazieren.

Karl Steinmair erwartet mich schon zum Gespräch in der Stube seines Hauses. Er liest gerade in der Zeitung. Das ist seine Lieblingsbeschäftigung.

Sie sind bereits 101 Jahre alt.
Ja, schon im 102ten.

Das wievielte Kind waren Sie?
Das erste eigentlich. Ja. Dann waren noch vier, zwei meiner Brüder sind gefallen im Krieg. Ich bin auf einem Bauernhof aufgewachsen. Da waren wir immer alle beisammen bei einem Tisch beim Essen. Gewisse Speisen sind aus einer Schüssel gegessen worden. Die Schüssel mitten am Tisch und für jeden ein Löffel dazu, das kann man sich heute gar nicht mehr vorstellen, dass es das gegeben hat. Wir hatten auch fünf Dienstboten. Die waren auch am Tisch. Zwei Knechte und drei weibliche Kräfte hatten wir.

Sie sind nicht Bauer geworden?
Nein, das ist meine Schwester geworden. Der Hoferbe ist im zweiten Krieg gefallen. Üblich war, dass der jüngste Sohn Bauer wird.

Wie war die Jugendzeit für Sie?
Während des ersten Krieges habe ich im letzten Jahr schon in der Wirtschaft mitgeholfen. Am Sonntag sind wir in die Kirche gegangen, am Vormittag, manchmal auch am Nachmittag in den Segen. Das waren zwanzig Minuten zu gehen. Während des ersten Krieges waren wir einmal mit der Mutter im Segen, mein Bruder und ich, und nach dem Segen sind wir noch in die Wiese gegangen und haben Heuarbeiten verrichtet. Der Vater war eingerückt. Einmal hat ihn die Mutti sogar besucht, in Kufstein. Da war ein Schiedlberger auf Urlaub, dem wollte die Mutter ein Packerl mitgeben für den Vater. Da sagte der: „Fahren Sie doch mit, da ist ja gar nichts dabei." Und sie hat sich überreden lassen und ist mitgefahren mit dem Zug. Sie hatte ein Kopftuch mit zwei Flügeln. Die haben dort alle geschaut, so etwas hatten sie noch nicht gesehen. Sie hat uns etwas heimgebracht, Spielzeug. Und den Dienstboten auch etwas. Der Hausknecht war ein Pfeifenraucher, dem hat sie eine Pfeife gekauft. Den Mägden einen Stoff auf eine Schürze oder ein Kleid. Ich weiß aber nicht mehr, wie lange sie ausgeblieben ist. Mich wundert es ja, dass sie sich überhaupt getraut hat, so weit fortzufahren. Im Hotel Grauer Bär hat sie geschlafen.
Der Vater ist gut wieder heimgekommen. Die Eltern sind auch über 90 Jahre alt geworden. Im 16er Jahr war so ein schlechtes Jahr, da war viel Hagel und Sturm und Krieg. Einen Laib Brot hat man nicht mehr formen können, weil das Mehl so schlecht war. Damals ist das weit nicht so organisiert gewesen mit den Lebensmitteln wie im zweiten Krieg. Da war die Versorgung viel besser.

Im ersten Krieg war viel Hunger.
Ja, bei den Bauern zwar nicht so, aber das Brot war in dem Jahr, wo der Hagel war, sehr schlecht.

Was bekommt man als Jugendlicher, als Kind vom Krieg mit?
Kriegsandachten waren auch in der Kirche, jede Woche eine, am Abend. In der Schule waren viele Kinder in einer Klasse beisammen, weil weniger Lehrer waren. Da waren wir einmal hundert Schüler in einer Klasse, bei einem Fräulein, Romana Wild. Bei der bin ich vier Jahre gegangen. Dann haben wir mit der Lehrkraft im Wald Brombeerblätter gepflückt für das Militär für einen Tee. Und Lumpen haben wir auch einmal gesammelt, von Haus zu Haus, auch für den Krieg.

Sie sind noch in der Kaiserzeit in die Schule gegangen. Da hat man im Schulgebet noch für den Kaiser gebetet.
Ich weiß nur, dass wir bei Kaisers Geburtstag in der Kirche das Kaiserlied gesungen haben. Der Kaiser hatte im August Geburtstag. Wie der Pfarrer von der Kanzel aus die Kriegserklärung verlautbart hat, das ist mir auch noch gut in Erinnerung. Zum Schluss die vielen Titel vom Kaiser, da hat es so viele gegeben, Kaiser von

Österreich, König von Ungarn und dann noch eine ganze Kette hinten nach.

Können Sie sich erinnern, wie die Leute reagiert haben, als der Pfarrer die Kriegserklärung verlesen hat?
Sie waren begeistert. Die Serben, die werden wir gleich haben, haben sie gesagt, wir kommen bald wieder heim. Dabei ist es dann ganz anders geworden. Dem Serben hat dann der Russe geholfen.

Da war man begeistert, wenn die Soldaten fortgezogen sind in den Krieg.
Ja, ja.

War Ihre Familie eher für den Kaiser eingestellt?
Ja, schon. Monarchistisch.

Wie war es dann, als es vorbei war mit der Monarchie?
Da war es schrecklich. Dann hat es einmal eine Zeit geheißen, wir kommen nach Deutschland. Wir haben sogar ein Papiergeld gehabt, Deutsch-Österreich ist auf den Noten drauf gestanden. Die sind dann wieder abgeschafft worden, weil die Siegermächte das nicht erlaubt haben. Die Entente, die Siegermächte, haben nicht erlaubt, dass Österreich an Deutschland angeschlossen wird.

Der Anschluss ist später dann trotzdem gekommen.
Ja, durch den Hitler.

Hat es damals auch Begeisterung gegeben?
Nein, da war keine Begeisterung. Ja, momentan, in den ersten Tagen, die Fanatiker haben alle möglichen Veranstaltungen gemacht, Umzüge. Aber es war ein kleiner Kreis.

Hat es am Land auch Illegale gegeben?
Ja, da war auch einmal ein Umzug von einigen.

Als der erste Krieg aus war, waren Sie 14 Jahre alt.
Da war ich mit der Schule fertig. Ja, da habe ich dann daheim gearbeitet.

Was wären Sie gerne geworden?
Es hat sonst nichts gegeben. Ich war daheim, habe geackert und bin gefahren mit den Pferden. Einmal hat der Vater Most verkauft nach Ebelsberg. Den haben ich und mein Bruder mit den Pferden hinuntergefahren. Die Mutter hatte Angst, dass uns etwas passiert. Es war Anfang der 1920er Jahre. Zwei Fässer mit zehn oder zwölf Eimern.

Sind Sie auch einmal eingekehrt?
Nein, nur in Ebelsberg beim Mayr-Wirt in der Kremsmünsterer Straße. Da haben wir ausgespannt, die Pferde bei einem anderen Wirt eingestellt im Stall und gefüttert, und dann haben wir selbst gegessen. Dann sind wir ohne Fässer wieder heimgefahren. Es ist ganz gut gegangen.

Was wäre mit Ihnen gewesen zu dem Zeitpunkt, als der Bruder den Hof übernommen hätte?
Ich hätte schauen müssen, dass ich irgendwohin heirate, in ein anderes Haus. Ja, das war so. Daheim sind nicht alle gebraucht worden. Das waren auch Sorgen, damals. Dass ich irgendetwas Richtiges erwische.

Wie war es dann bei Ihnen?
Na ja, da haben sie auf der Gemeinde einen Praktikanten gebraucht und mich aufgenommen. Das war im 1929er Jahr, 1. Februar 29. Das war ein furchtbar strenger Winter, 28 auf 29, riesig viel Schnee. Das Gemeindegebiet ist hauptsächlich östlich von hier. Da habe ich von Haus zu Haus gehen müssen und die Landarbeiter alle aufnehmen müssen. Denn damals ist die landwirtschaftliche Sozialversicherung eingeführt worden. Da bin ich einmal bei einem Bauern über Nacht geblieben, damit ich nicht so weit heim muss. Auf der Gemeinde hat es viel Arbeit

gegeben, auch lästige Arbeit. Im zweiten Krieg musste man Bezugsscheine ausstellen, alles war bewirtschaftet, das ganze Essen. Es gab Lebensmittelkarten, Bezugsscheine für Kleider, Schuhe, da hat es Schwierigkeiten gegeben. Jeder hat gemeint, er kommt zu kurz.

Mussten Sie einrücken?
Nein, ich war nie eingerückt. Ich war freigestellt als Gemeindesekretär.

Haben Sie die Arbeit gerne gemacht?
Ja, die Arbeit hat mir gefallen, es war sehr interessant. Man ist mitten drinnen, man hört und sieht alles. Und danach erfährt man nichts mehr.

Haben Sie alle Schiedlberger gekannt?
Freilich. Ich habe alle Hausnummern in der Gemeinde auswendig gekannt. Während des zweiten Krieges haben uns die Sierninger die Ortschaften Ober- und Niederbrunnen kassiert. Das ist dann zu Sierning gekommen. Sierning hat nach Steyr ein bisschen etwas abgeben müssen.

Er steht auf und geht zu einem Schrank. Dort, in einer Lade, hat er ein kleines Heft, das er zum Tisch mitnimmt. Er setzt seine Brille auf. Das Kuvert ist beschriftet mit „1929". 300 Häuser, 130 Bauern, 3518 Hektar und 1750 Einwohner hat die Gemeinde Schiedlberg gehabt, bevor die Sierninger die beiden Ortschaften „kassiert" haben.

Was ist das für ein Büchlein?
Das habe ich einmal gemacht. Notizen über das Gemeindegebiet Thanstetten. So hat das früher geheißen. Der Name ist erst 1947 geändert worden. Dieses Heft habe ich mir im Mai 29 angelegt, das Verzeichnis aller Häuser.

Das Heft ist mit einer sehr schönen, regelmäßigen Schrift beschrieben. Seine Mutter hätte schon schön geschrieben, sagt Herr Steinmair. Sie hätte nur Einser in der Schule gehabt. Auch er war ein guter Schüler. In dem Büchlein sind in Tabellen die Hausbesitzer, die Hausnamen, die Adresse und der Grundbesitz verzeichnet. Manche Namen sind mit Bleistift durchgestrichen, Zeichen, dass das Haus verkauft wurde oder durch Heirat der Besitzername wechselte. Das Elternhaus von Herrn Steinmair ist das Breithubergut. Das Haus, in dem er jetzt lebt, hat er selbst gebaut von 1955 bis 1958.

Sie waren gar nicht mehr so jung, als Sie das Haus hier gebaut haben.
Es hat mich eh nicht gefreut, aber man hat nichts machen können. Man hat schauen müssen, dass man eine Wohnung hat. Man kann nicht immer im Gemeindehaus wohnen. Dort haben wir zuerst eine Dienstwohnung gehabt. Es war damals nicht mehr schwer, Baumaterial zu bekommen.

Sie haben drei Kinder.
Zwei Buben und eine Tochter. Der Karl ist 36 geboren, die Erna 38, und Walter, er ist Augenarzt, der ist erst 47 geboren. Der war ein Nachzügler. Geheiratet habe ich im 34er Jahr. Meine Frau war auch eine Schiedlbergerin. Sie war 1910 geboren und ist 2000 gestorben. Die Eiserne Hochzeit haben wir noch gefeiert.

Wir unterhalten uns darüber, wie Herr Steinmair seinen Tag verbringt. Er liest zwei Tageszeitungen, löst Kreuzworträtsel. In der Zeitung interessiert ihn die Politik besonders. Er findet, dass Politiker und Manager zu viel verdienen. Ich versuche, ihm eine Meinung über die aktuellen ÖVP-Politiker zu entlocken. Den Landeshauptmann von Oberösterreich schätzt er, ansonsten bleibt er zurückhaltend. Herr Steinmair war Mitglied der Feuerwehr und Klarinettist bei der Musikkapelle. Gelegentlich hat er auch Karten gespielt mit drei anderen älteren Herren. Ausflüge hat er vor allem mit dem Seniorenbund gemacht. Mit der Pfarre war er einmal in Lourdes. Für große Sprünge hat das Gehalt als Gemeindesekretär nicht gereicht. Da war es wichti-

ger, den Kindern eine gute Ausbildung zu ermöglichen. Beide Söhne haben studiert, die Tochter wurde Lehrerin und leitete über viele Jahre die Volksschule in Schiedlberg.
Gemeinsam mit seiner Frau engagierte sich Herr Steinmair auch in der Pfarre. Er führte die Pfarrmatrikeln, war für die Finanzen und die Katholische Männerbewegung zuständig. Seine Frau leitete die Katholische Frauenbewegung.

Waren Sie auch der Standesbeamte in Schiedlberg?
Ja, das war ich auch.

Wann sind Sie Gemeindesekretär geworden?
Im 34er Jahr. Mein Vorgänger ist im Wirtshaus beim Kartenspielen gestorben. An einem Sonntagabend. Das war im Dezember 33, ich meine am 17. Dezember. Dann bin ich der Gemeindesekretär geworden.

Was war das Schöne an der Arbeit als Gemeindesekretär?
Na ja, dass man über alles informiert ist, was in der Gemeinde vorfällt. Es hat auch schwierige Sachen gegeben, überhaupt während des zweiten Krieges, die Bezugsscheine, die Hausschlachtungen.

Es wurde oft schwarz geschlachtet bei den Bauern.
Ein Landwirt ist auch einmal eingesperrt worden wegen einer Schwarzschlachtung. Die Leute mussten bei mir bewilligen lassen, dass sie schlachten dürfen.

Wie viele Bürgermeister haben Sie erlebt?
Der erste war der Singer, den haben sie hinausgeschmissen, als die Nazis gekommen sind, da ist dann der Wasserbauer gewesen, dann der Schröckmayr, das war mehr ein Kaisertreuer, und dann der Wieser von Droißendorf, vier waren es.

Wir zählen nochmals nach, ob die Zahl der Bürgermeister stimmen kann. Wir kommen drauf, dass noch einer fehlt. Die Bürgermeister waren bis auf die Nazizeit immer Mandatare der Österreichischen Volkspartei. Die Parteien hätten sich immer so halbwegs gut vertragen.

Welche Tugenden muss man als guter Gemeindesekretär haben?
Man muss sich halt mit vielem abfinden. Oft haben die Gemeindeväter, die Ausschüsse, etwas beschlossen, was sie danach selbst nicht halten wollten. Das ist tragisch. Zum Beispiel hat es während des Krieges zu wenige Pferde gegeben. Jetzt ist beschlossen worden, dass kein Pferd mehr außerhalb der Gemeinde verkauft werden darf. Es durfte kein Viehpass mehr ausgestellt werden. Und in dem Ausschuss war auch der Rosshändler dabei. Der hat auch mitgestimmt. Und dann hat er gesagt, er braucht einen Viehpass, und weil er keinen bekommen hat, war er auf mich beleidigt. Zuerst beschließt er es, und wenn er es selbst einhalten soll, dann ist es aus.

Ich stelle mir vor, dass es auch schwierige Situationen für einen Gemeindesekretär gibt, wenn es einen tragischen Todesfall gibt.
Da haben sie einmal einen Bauern erschlagen. Das war im 34er Jahr. Die Bauern haben alle Milch nach Sierning in die Molkerei geliefert, und einmal monatlich wurde beim Wirt in Droißendorf das Milchgeld ausbezahlt. Als der Bauer mit dem Milchgeld heimgegangen ist, haben sie ihn daheim, vor seiner Haustüre erschlagen. Und zwar waren das zwei aus Droißendorf. Der Rossknecht und der Mitarbeiter eines anderen Bauern. Dann sind sie aber davongerannt ohne Geld, und einer ist gestolpert. Der hatte einen Revolver eingesteckt, der losgegangen ist. Da hat er sich liegend selbst erschossen. Und der andere ist daheim in seiner Kammer gelegen, russschwarz, da haben sie ihn gleich gehabt.

Sind Sie vom Typ eher ein ruhiger Mensch?
Ja. So schnell hat mich auch im Amt nichts aus

der Ruhe bringen können. Damals hat man noch die Heimatgemeinde gehabt, da sind die Leute um Unterstützung gekommen. Das war eine schwierige Sache. Wer einen Heimatschein hatte, der musste unterstützt werden. Das ist heute ganz anders, heute haben die Bürgermeister mit dem Sozialen nicht mehr so viel zu tun. Wir haben mit dem Bedürftigen direkt verhandeln müssen. Die waren zum Beispiel als Handwerksgesellen auf der Walz, und die fremden Gemeinden dort haben ihnen etwas gegeben. Die Heimatgemeinde musste das wieder zurückzahlen. Wenn man zehn Jahre in einer Gemeinde seinen Aufenthalt hatte, war die Gemeinde zuständig. Die Gemeinden haben natürlich geschaut, dass sie arme Leute vor Ablauf der zehn Jahre wieder weggebracht haben.

Was hat man da getan, um sie wieder wegzubringen?
Unerlaubte Sachen halt.

Die Armen waren vor allem arbeitslos?
Ja, vor allem in den 30er Jahren. Die meisten sind nach Steyr in die Arbeit gegangen.

Waren die Bauern die Herren im Ort?
Ja, schon. Aber auch Gewerbetreibende waren wichtig. Der Oberlehrer, der Pfarrer.

War man als Gemeindesekretär angesehen?
Ja.

Herr Steinmair wird langsam müde. Seine Antworten werden kürzer, die Pausen länger.

Wie war für Sie das Arbeiten mit den Nazis?
Ich bin schon zurechtgekommen. So gut war es natürlich nicht.

Ihre Weltanschauung war christlichsozial?
Ja, die Volkspartei.

Was war die schönere Zeit in Ihrem Leben?
Ich meine die im Gemeindedienst.

Jetzt sind Sie schon über 40 Jahre in Pension.
Das ist eine Schande, auf Kosten der anderen zu leben.

Wie geht es Ihnen mit 101 Jahren?
So weit gut, ich höre schlecht, aber sonst bin ich zufrieden. Ich mag essen, schlafen, trinken.

Denken Sie manchmal schon ans Sterben?
Nein, eigentlich nicht.

Sie haben es noch nicht vor.
Wenn es einem gut geht, warum soll man ...

Wie alt möchten Sie werden?
Wie Gott will. Ich werde einmal zusammenfallen, umfallen werde ich einmal. Und dann wird es aus sein.

Haben Sie Angst davor?
Nein.

Sie sind ein Kirchgänger gewesen.
Ja, jeden Sonntag. Auch jetzt noch, aber wenn das Gehen sehr schlecht ist, nicht.

Glauben Sie, dass es weitergeht nach dem Sterben?
Das ist ja nicht möglich.

Das Gespräch mit Karl Steinmair wurde am 15. März 2006 in Schiedlberg, Oberösterreich, geführt.

HORNYPHON
EUROPE 1
HILVERSUM I
SOTTENS
FM
STEREO

Kämpfen tu ich gern

Lothar von Sternbach, Reichsfreiherr, Landwirt und Südtiroler, geboren 1905

Das Gespräch mit Lothar von Sternbach wurde über seine Tochter vermittelt. Edith Habsburg-Lothringen, verheiratet mit einem Urenkel des österreichischen Kaisers Franz Joseph I., führt mich zu ihrem Vater. Er lebt im „Ansitz" der Familie in Bruneck in Südtirol, ein imposantes mehrstöckiges altes Haus mitten im Zentrum des Ortes. Die Familie Sternbach hat hier einen Namen. Durch viele Jahrhunderte war sie tätig in Wirtschaft und Verwaltung. Sommers lebte die Familie mit allen neun Kindern in Uttenheim, wo sie eine kleine Landwirtschaft besitzt, zu Schulzeiten in Bruneck. Edith Habsburg erinnert sich gerne an die Ferien in Uttenheim, an die Freiheit und auch an die späteren Besuche mit der eigenen Familie. Der kostbarste Teil des Uttenheimer Hauses ist eine holzgetäfelte Stube. Über dem Brustgetäfel ist ein gemalter Fries der Geschichte des biblischen David. Mit einer Steinschleuder besiegte er den Riesen Goliath. Baron Sternbach kann noch heute erklären, wie man eine Steinschleuder herstellt und effizient bedient. Wie sich später herausstellt, scheint es auch kein Zufall, dass ausgerechnet der wehrhafte David in der Familie Sternbach zu Ehren kommt. Baron von Sternbach erwartet uns in seinem Zimmer in Bruneck. Er sitzt im Rollstuhl. Im 100. Lebensjahr stehend, fordert der Körper Tribut. Seine Stimme ist schon sehr leise, das Reden strengt ihn etwas an.

Wie geht es Ihnen?
Man muss zufrieden sein. Ich habe keine Schmerzen, und das ist sehr gut. Und sonst werde ich sehr gut gepflegt, und ich habe jetzt die Freude, meine Tochter Edith da zu haben.

Die wievielte ist Edith unter den vielen Kindern?
Die fünfte von neun. Ich habe drei Söhne und sechs Töchter.

Waren Sie schon ein Vater, der den Kinderwagen geschoben hat?
Ja, ich war bei den Kindern. Ich habe ein großes Vertrauensverhältnis gehabt zu den Kindern. Ich bin an und für sich ein lustiger Mensch. Wir haben sehr viel gelacht zusammen.

Zu Ihrem Vater hatten Sie eine besondere Beziehung?
Eine sehr vertrauensvolle Beziehung. Ich habe meinen Vater sehr verehrt und sehr auf sein Wort gehört.

Wodurch hat sich das vertrauensvolle Verhältnis entwickelt?
Das war das Verdienst meines Vaters. Er war eine prachtvolle Persönlichkeit.

Was haben Sie sich von ihm abgeschaut?
Seinen Fleiß, seine Arbeitsamkeit, seine Verlässlichkeit. Er hat sehr viel gewusst. Er war Verwaltungsjurist bei der Tiroler Landesregierung, er war Landtagsabgeordneter seit 1896 und ist es geblieben bis 1920, alles mit Kriegsunterbrechung. Er war im Krieg an der italienischen Front.

Sie haben in Innsbruck gelebt, sind dort geboren worden. Sie hatten zwei Brüder.
Einer ist gestorben, der Wolfgang. Der ist 1903 geboren und ist 1938, der Anschluss Österreichs an Deutschland war 38, in dem Jahr ist er gestorben. Mit dem Motorrad verunglückt. Der letzte, der Nico, der 1907 geboren wurde, der ist schon als Kind aufgrund einer Krankheit, er hatte eine Herzbeutelentzündung, mit sieben Jahren gestorben. Da haben wir, mein Bruder und ich, verhältnismäßig jung einen schweren Trauerfall verkraften müssen.

Es gibt in Ihrer Familie einen ausgeprägten Familiensinn.
Ja, wir haben sehr viel Familiensinn gehabt. Dazu gehörte auch unsere ehemalige Kinderfrau, die in die Familie gekommen ist, als mein erster Bruder 1903 zur Welt gekommen ist. Sie war Tochter eines Schmiedes, der in Nassereith an der Fernpassstraße war. Sie, die Käthi, ist mit ungefähr 20 Jahren als Kinderfrau zu uns gekommen und war bei uns, bis sie gestorben ist im Jahre 1952. Sie war für uns Kinder wie eine Mutter. Und es war ganz merkwürdig: Trotzdem ist bei meiner Mutter keine Eifersucht um die Kinder aufgekommen. Die beiden Frauen haben sich gut verstanden. Das ist eine Seltenheit. Als meine Kinder da waren, war sie schon zu alt als Kinderfrau.

Wie viele Enkel und Urenkel haben Sie?
Enkel habe ich 32, Urenkel, glaube ich, neun.

Haben Sie da einen Überblick, wie sie alle heißen?
Ja, ich habe da ja ein Verzeichnis, anders geht es nicht.

Welchen Stellenwert hat die Familie für Sie gehabt im Verhältnis zu Ihrem öffentlichen Engagement?
Meine Frau habe ich sehr geliebt. Da sind die Bilder von ihr, wie sie jung war, und so hat sie ausgeschaut, als sie gestorben ist.

Freiherr von Sternbach zeigt auf die Bilder an der Wand neben seinem Schreibtisch, mit Blick hinaus auf die Stadt. Im ganzen Raum ist es relativ dunkel. Der hohe Raum wird im Winter von einem Kachelofen gewärmt. Die Möbel sind alt.

Im Jahre 1997 ist sie gestorben. Es war eine wirkliche Liebesehe, und die hat 62 Jahre gehalten.

Woher stammte Ihre Frau?
Sie war aus Wien, merkwürdigerweise. Sie war Musiklehrerin, und ich habe sie auf einer Reise in die Schweiz kennengelernt. Sie hat dort Verwandte gehabt, weil ihr Vater Schweizer war, und da hat sie einmal die ganzen Verwandten besucht, und ich habe in der Schweiz studiert. Sie war sehr hübsch. Lucie hat sie geheißen. Als ich sie das erste Mal gesehen habe, hat sie mir so gut gefallen, dass ich mir gedacht habe: Die möchte ich heiraten. Das war so ein dummer Gedanke. Aber es war tatsächlich der erste Gedanke.

Wie ist es Ihnen gelungen, sie zu heiraten?
Es ist dann gegen den Widerstand beider Familien gelungen, weil sich die Familien halt gar nicht gekannt haben.

Wieso gab es Widerstand?
Ja, weil sie sich gar nicht gekannt haben. Mein Vater hat gesagt, schau, deine Braut ist Klavierlehrerin und du brauchst eine Bäuerin. Das ist auch ein vernünftiges Argument. Dann hat er aber doch nachgegeben, als er gesehen hat, dass für mich die Sache so ernst ist. Aber es hat zwei Jahre gebraucht, bis es so weit gekommen ist. Auch die andere Familie hat keine Freude gehabt. Die haben gesagt, unsere schöne Lucie muss in Uttenheim Bäuerin machen, das geht doch einfach nicht.

Ihre Braut war in Wien, und Sie waren hier in Südtirol.
Als wir uns kennen gelernt haben, 1931, geheiratet haben wir 35. Da ist etwas, das mir heute kein Mensch glaubt. Ich war natürlich viel mit ihr beisammen, aber ich habe sie nicht angerührt bis zur Hochzeit. Das kommt ja selten vor. Wir waren schon sehr vertraut und auch sehr verliebt ineinander. Aber da haben wir auch gesagt, wir sind beide religiös gewesen, das wollen wir durchhalten und warten, bis wir richtig verheiratet sind.

Und war das eine gute Entscheidung, auch im Nachhinein betrachtet?
Ja, ich glaube schon. Wenn man 62 Jahre gut verheiratet ist und die Liebe weiter besteht, ist es eine gute Ehe.

Seit dem Tod seiner Frau ist Freiherr von Sternbach ganz in die Familie seines Sohnes Othmar und dessen Frau Johanna, die im selben Haus wohnen, aufgenommen. Hier wird für ihn gekocht. Pflegekräfte helfen bei der Betreuung Lothar von Sternbachs mit.

Wann sind Sie aus Innsbruck hierher nach Südtirol gekommen?
Nach dem Ersten Weltkrieg. Der war 1918 aus, was war dann? Da war ich erst 13 Jahre, da war ich noch im Gymnasium. Ich habe das humanistische Gymnasium in Innsbruck besucht und war ein begeisterter und bin es heute noch, wie sagt man da?, ein Humanist. Ja. Mir hat zum Beispiel am Latein der Formenreichtum außerordentlich gut gefallen, weil jede Form eine andere Bedeutung hat. Das hat mir großen Eindruck gemacht, dass eine Sprache das zustande bringt. Ich habe einen sehr guten Altphilologen gehabt. Der hat mit uns die platonischen Dialoge gelesen. Wenn über das Griechisch in der Schule gesprochen wird, sage ich Kindern heute noch: Seid doch froh, wenn ihr ein humanistisches Gymnasium besuchen dürft. Und in den Dialogen des Platon lesen dürft. Das ist doch ein Glück!

Können Sie noch Griechisch?
Ja, ich kann das Vaterunser auf Griechisch und das Ave Marie, die Geheimnisse des Rosenkranzes, das kann ich alles auf Griechisch.

Diese humanistische Bildung hat Sie auch in Ihrer Haltung im späteren Leben geprägt.
Ich glaube schon.

Sie haben als junger Mensch eine sehr schwierige Zeit erlebt.
Ja, es ist dann die Eroberung der Heimat durch Italien gekommen. Das war ein schwerer Abschied von der politischen Heimat. Ja, und dann halt, dass man einen richtigen Durchsetzungskampf hier führen musste, wo jeder gefordert war in jedem Lebensalter.

Sind Sie als Tiroler oder als Südtiroler erzogen worden?
Da gab es keinen Unterschied. Südtirol war halt einfach eine geographische Bezeichnung. Tirol war eine Einheit.

Den Familiensitz in Bruneck gibt es schon sehr lange.
Der Besitz in Uttenheim wurde 1629 erworben, der jetzige Ansitz Sternbach in Bruneck 1682. Die ersten beiden Generationen haben die Landwirtschaft Uttenheim noch selbst bewirtschaftet, später wurde sie immer verpachtet, und ich bin der erste, der sie wieder selbst bewirtschaftet hat. Bei der Berufswahl habe ich, wie so viele, nicht gewusst, was ich machen soll. Nach dem Ersten Weltkrieg war die Lage sehr schwierig. Da hat man auch nicht gewusst, was man raten soll.
Dann hat es geheißen: „Mensch, du hast ja einen großen Besitz, du kannst doch davon leben, mach doch das". Dann habe ich gesagt: „Ich werde Landwirt, studiere Landwirtschaft, mache Diplomingenieur." Ich bin dann Bauer geworden, ich habe drei Jahre selber gemolken, ich habe 48 Geburten im Stall selbst geleitet. Ja, ja, aber das ist etwas Schönes. Ich habe einen Kurs mitgemacht über Viehhaltung, und da habe ich auch Geburt, Lageberichtigung und alles gelernt. Das hat mich begeistert.

Sie haben den Bauernhof zusammen mit Angestellten geführt?
Mit Angestellten spart man jetzt, und da habe ich auch schon sparen müssen. Wie ich ihn übernommen habe, ist kein Geld da gewesen. Der Vater hat mir noch ein gewisses Kapital zur Verfügung gestellt, damit ich mir ein paar Gerätschaften und Vieh kaufen kann, und dann hat er gesagt, jetzt will ich aber nichts mehr hören von dir. Da habe ich den Ehrgeiz gehabt, der Vater wird nicht mehr um eine Lira gebeten. Dann hätte ich wirklich einmal Geld gebraucht, und da habe ich lieber bei einem Vetter Geld geborgt, als dass ich zum Vater gegangen bin.

Die Familie der Sternbachs hat in Bruneck eine lange Geschichte. Da gab es Großkaufleute, die das Brotgetreide aus Bayern ins Pustertal importierten und damit wohlhabend wurden. Ein besonders geschäftssinniger Vorfahre war sogar „Straßenkommissär" im Pustertal. Er hat für die österreichischen Truppen, die im Spanischen Erbfolgekrieg in Italien benötigt wurden, die Straßen benutzbar gemacht. Für diese Verdienste bekam der 1716 verstorbene Vorfahre den Freiherrntitel. Noch im 19. Jahrhundert war die Familie Sternbach an einer Kupfermine in Prettau beteiligt. 1883 wurde die Kupfermine stillgelegt, der Abbau war nicht mehr rentabel.

Was war für Sie in Ihrem langen Leben die wichtigste Zeit oder die entscheidendste Zeit?
Das sind schon meine Frau und die Familie, die waren der Mittelpunkt meines Lebens. Dann habe ich halt immer viel gelesen. Also mein Interessensgebiet ist Geschichte und ist der Sinn der Geschichte. Ein Viktor Frankl sagt mir sehr viel. Der mit seiner Lehre vom Sinn, Sie wissen das?

Die Logotherapie?
Die Logotherapie. Dem Viktor Frankl verdanke ich viel. Er schreibt in einem seiner Werke, dass

jeder Mensch noch in gesunden Tagen daran denken solle, dass er einmal ein Pflegefall werden könnte. Damit soll man sich durch bewusstes Konzentrieren vor dem Einschlafen befassen: Du könntest auch einmal Pflegefall werden. Das Unangenehmste am Pflegefall ist ja, dass man bei den Dingen, die man sonst am liebsten allein tut, also auf den Abort gehen, Hilfe braucht. Das ist wirklich das Peinlichste. Da sagt der Viktor Frankl, oh, Mensch, bereite dich auf das vor, und das habe ich getan. Es nützt mir jetzt sehr viel.

Welche Einstellung ist da hilfreich, wenn man auf Pflege angewiesen ist?
Man muss sich wünschen, viel Geduld zu haben und Rücksicht zu nehmen auf die Pflegerinnen. Was der Pflegeberuf bedeutet, das weiß ich erst heute. Den Pflegerinnen muss man schon mit Geduld ihre Arbeit leicht machen. Das ist ein guter Rat von Frankl, den ich in meinem Leben verwirklicht habe und worüber ich sehr glücklich bin.

Das macht Ihnen jetzt das Leben leichter …
... ja, und auch den Pflegerinnen.

Wie stehen Sie zum Sterben?
Ich bin sehr religiös. Sterben ist für mich nur ein Abschied, ein Übergang in die ewige Heimat.

Sterben ist für Sie nicht mit Angst verbunden?
Im Gegenteil. Wenn es heute hieße, lege dich hin, mach die Augen zu, bin ich sofort bereit.

Was erwarten Sie sich?
Das ist nicht auszusprechen, was man sich erwartet. Man erwartet sich das, was im Hohepriesterlichen Gebet steht. Man erwartet sich die Herrlichkeit. Sie werden das nicht so genau gelesen haben, das Hohepriesterliche Gebet. Da kommt sehr häufig der Ausdruck vor ... *(Er beginnt in der Lade seines Schreibtisches zu suchen und findet ein laminiertes Blatt.)* Das ist aus einem Gebetbuch für alte Leute, das ist im Großdruck, damit man es leicht lesen kann. Da ist ein ganz großartiger Gedanke. *(Er hält mir das Blatt hin und zeigt auf die Stelle.)*

… weil du mich liebtest schon vor Erschaffung der Welt …
... vor Erschaffung der Welt, da war eigentlich mehr los als jetzt. Vor Erschaffung der Welt war schon das göttliche Leben, was der Evangelist Johannes immer mit dem Ausdruck Herrlichkeit bezeichnet. Herrlichkeit ist dieses unvorstellbare Glücksgefühl, ein falscher Ausdruck, die unvorstellbare Schönheit göttlichen Lebens. Das ist da. Überfliegen Sie es ein bisschen, sonst lesen Sie es zuhause. Das Hohepriesterliche Gebet, einen besseren Begleiter kann man gar nicht haben.

Das findet man im Neuen Testament?
Bei Johannes, 17. Seit 1935 ist dieses Gebet meine geistliche Führung.

Das lesen Sie immer wieder.
Ich betrachte es halt immer wieder. Ich kann es zwar trotzdem noch nicht auswendig. Ich sollte es auswändig können, aber es geht noch nicht.

Möchten Sie es gerne noch auswendig lernen?
Es geht nicht mehr. Es ist doch zu lang. Oder der Ausdruck die Herrlichkeit, Wesen des wahren Herrn. Das wird einem da so nahe gebracht, ja, dass man wirklich etwas davon hat.

Haben Sie in Ihrem Leben regelmäßig geistliche Betrachtungen gemacht?
Ich war vom Obergymnasium weg normal liberal. So waren wir alle, eigentlich unsere ganze Klasse. Was ja auch kein Wunder ist, denn unsere Erziehung ist ja darauf ausgerichtet gewesen, wissenschaftlich zu denken. Und das wissenschaftliche Denken, das streng logische Denken, führt zu einem gewissen geistigen Hochmut allem gegenüber, was nicht mit der Logik erreichbar ist. Und

daher stammt auch diese allgemeine Ablehnung – kann man vielleicht nicht sagen – aber die Gleichgültigkeit allem religiösen Denken gegenüber.

Wie war Ihre Entwicklung, wenn Sie zuerst auch liberal waren?
Oh, das war ein langer Weg. Ich bin als Lehrer in eine Genossenschaftsschule gekommen. Das war mein erster Posten als Diplomlandwirt. Geführt wurde diese Schule von einem Sudetendeutschen, zuerst von einer Gruppe Sudetendeutscher, denen ich nahe gestanden bin. Die haben da eine Schule gegründet gehabt in Ullersdorf in Mähren und haben den jungen Leuten beigebracht, wie sie sich als Landwirte in einem Volk, das einem andersnationalen Staat gegenüber steht, verhalten sollen, welche Kraft die Genossenschaft dem einzelnen Landwirt gibt. In dieser Richtung war ich drinnen. Ich bin mit Leuten bekannt geworden und war sehr befreundet mit ihnen. Und die waren bis auf einen auch normal liberal. Ich betone normal liberal, weil die meisten Menschen wenig zu tun haben. Bis auf einen, mit dem ich recht gut ausgekommen bin. Der war Offizier im Ersten Weltkrieg, Reserveoffizier, war ein begeisterter Offizier, er hat immer wieder von seiner Kriegszeit erzählt. Der war der gute Katholik. Bei dem war ich in der Genossenschaftsschule als Diplomlandwirt eingestellt, um einige Fächer zu geben. Und auf einmal fragt er mich: „Du bist doch katholisch!" Sag ich: „Ja." Dann sagt er: „Warum gehst du dann nie in die Kirche?" Da habe ich gesagt: „Das brauchst doch du nicht fragen." In Freundeskreisen hat er den spaßigen Übernamen gehabt: die Wildsau Gottes, weil er Offizier war und dann halt doch echt religiös. Der hat gesagt: „Jetzt komm einmal her da!" Dann hat er mich mit Guardini bekannt gemacht. Und ich bin religiös geworden durch den Guardini, durch das Buch „Der Herr". Und jetzt habe ich da noch etwas liegen von Guardini, „Das Ende der Neuzeit". Ja, jedenfalls hat Guardini sehr zur Festigung meiner Persönlichkeit beigetragen.

Was haben Sie von Guardini gelernt?
Auf diese sehr einfache Frage kann man gar nicht so schnell eine Antwort geben. An Guardini war erstens das Bestechende, dass er eine wunderbare Sprache hat. Die Sprache ist einfach, ein paar Sätze zu lesen ist ein Genuss. Und dann ist er ein Denker, der sich nichts schenkt. Es ist prachtvoll. Das „Ende der Neuzeit" ist ja eher etwas Politisches. Aber „Der Herr" und, was hab ich da noch liegen von ihm? *(Er beginnt auf seinem Schreibtisch die Bücher durchzuschauen. Ich helfe ihm, die Titel zu lesen.)*

„Johanneische Botschaft Jesus Christus."
Ja. Das meine ich. Und „Der Herr", die beiden kann ich jedem, der sich mit religiösen Fragen beschäftigt, sehr ans Herz legen.

Bei Guardini haben sich für Sie die Genauigkeit des Denkens und das religiöse Empfinden verbunden.
Wenn Religion nur auf Empfinden aufgebaut ist, dann hält sie nicht lange. Religion braucht schon auch den Kopf. Das sehen Sie auch im Hohepriesterlichen Gebet. Ich kann Ihnen nur raten, nehmen Sie Ihr Neues Testament her und lesen Sie Kapitel 17 bei Johannes, und dann haben Sie eine Perle in der Hand.

Waren Sie immer ein so heiterer Mensch, wie Sie jetzt wirken?
Ja, ja. Ich bin sehr lustig gewesen. Und eine schwache Seite, die ich habe, ist der Wein. Ich war ein bisschen ein Trinker. Ich habe schon öfter einen Affen gehabt, sehr zum Leidwesen meiner Frau. Das war für sie furchtbar. Ich habe ihr zwar ein paar Mal gesagt: „Du, horch einmal, ich gebe zu, hie und da habe ich ein Affl gehabt, das geht dir schon auf die Nerven, aber ich mache dich doch aufmerksam, ich habe nie einen Bauernrausch gehabt." Das hat sie halt

zum Schluss zur Kenntnis nehmen müssen. Aber sehr ungern.

Haben Sie viele Freizeitvergnügungen gehabt?
Freizeitvergnügen ... *(Es klingt, als würde er dem Wort fast ungläubig nachhorchen.)*

Verwandte besuchen, etwas trinken gehen …
Also, ich bin sehr wenig gereist, fast nicht. Ich war in Aachen, das war meine längste Reise, und dann war ich in Wien und dann in Rom, einmal oder zweimal.

Hätten Sie gerne etwas mehr von der Welt gesehen?
Nein. Das interessiert mich nicht. Meine Welt ist da. *(Er deutet mit der Hand auf die Stirn.)*

… im Kopf.
Ja, im Kopf, ich brauche nicht wegzufahren.

Sie überblicken ja 100 Jahre Zeitgeschichte, das waren auch 100 dramatische Jahre mit den beiden Kriegen, für Südtirol noch einmal etwas anderes, so viele Tote, so viele Morde, wie sehen Sie das? Wo zeigt sich da der Sinn?
Erstens muss ich zur Kenntnis nehmen, es ist eben so gewesen, wie es im Ploetz steht. Zum Beispiel den Nationalsozialismus habe ich natürlich abgelehnt. Das ist aus meinem Gespräch mit meinem Vater gekommen. Im Jahre 1931, 1932, da hat der Hitler in Südtirol einen Namen gehabt, weil man gemeint hat, der wird Südtirol mit Deutschland zu einem großdeutschen Reich vereinen, sodass die Jugend Südtirols zu einem Teil Sympathie gehabt hat für Hitler. Und dann kommt mein Vater gesprächsweise darauf und sagt: „Jetzt muss ich dir etwas sagen, das musst du dir merken: Eine Politik ohne Gerechtigkeit ist eine schlechte Politik." Für meinen Vater, der Verwaltungsjurist war, ist der Begriff der Gerechtigkeit ein ganz wichtiger gewesen. Er hat gesagt, eine Politik, die nicht auf Gerechtigkeit aufgebaut ist, sondern wie es beim Hitler war und bei allen Diktaturen, auf Zwang, die kann nicht gut sein. Und das weiß ich heute noch. Dann habe ich natürlich solche Sachen mitgemacht. Ich habe sehr deutlich die Option Südtirol mitgemacht. 1931, da war ich 26 Jahre alt.

1931 war die Option, nicht später?
Jetzt muss ich aufpassen, da haben Sie Recht. Das ist jetzt auch ein Zeichen meines hohen Alters, dass ich mir keine Zeiten mehr merke, was bisher tadellos funktioniert hat. Das muss man nachschauen. Also, die Option war ...? Wann hat der Krieg begonnen?

Wir klären, dass es sich wohl um 1939 handeln muss.

Die Option war das Angebot an die Deutschen in Südtirol …
... sich ins Reich zu begeben.

Wenn sie für das Reich gestimmt haben, mussten sie ihre Sachen packen und gehen.
Ja, so war es. Ich war ein führender Kopf bei den Dableibern. Und da habe ich wahnsinnig viele Anfeindungen aushalten müssen. Ein Dableiber ist im Sinn des national denkenden Südtirolers ein Verräter an seinem Volk gewesen, und meine Erklärung fürs Dableiben war, wir sind die zurückgelassene Feldwache in einer von der Heeresleitung aufgegebenen Stellung. Diese Feldwache hat es dann auch gebraucht. Das war das Merkwürdige, mein Vater hat in den ersten Tagen, wo diese ganze Option über uns hereingebrochen ist, gesagt: „Du pass auf, es wird uns nichts anderes überbleiben als auch zu gehen, das ganze Volk geht." Und dann hat er noch gesagt: „Denk an deine Kinder." Da sage ich: „Ja, aber ich kann dir nur sagen, Vater, dass ich auf alle Fälle bleibe. Mit aller meiner Hartnäckigkeit, deren ich fähig bin, werde ich da bleiben und das Dableiben weiter unterstützen." Und ich war vier Jahre lang der böse Bube in Südtirol. Das war

nicht ganz leicht. Aber kraft meines Humors und meiner Dickschädligkeit ist es gelungen.

Warum wollten Sie partout nicht weg?
Weil ich da her gehöre! Ich kann mich doch nicht wegen eines Menschen, der auf einmal sein Volk bei sich haben will, verpflanzen, das kann ich mir doch nicht gefallen lassen. Ja, so war das.

Die überwältigende Mehrheit der Südtiroler hat sich durch die Option für die Abwanderung in das Deutsche Reich entschieden. Allerdings gingen nur wenige tatsächlich. Es gab Möglichkeiten, die Abwanderung hinauszuzögern. Schließlich wurde Südtirol 1943 von Deutschland besetzt.

Südtirol wurde von Hitlerdeutschland besetzt.

Ja. Wie hat denn das geheißen? Das Alpenvorland? Teufel, wie hat denn das geheißen? Operationszone Alpenvorland, und da war der Gauleiter von Tirol, der Franz Hofer, der Regierungschef. Die Leute von der Operationszone Alpenvorland waren schon böse Nationalsozialisten.
Gegen die hat man sich schon wehren müssen. Zum Ende der Optionszeit, wenn man da als Dableiber hinausgegangen ist und Propaganda fürs Dableiben gemacht hat, dann war man in Gefahr, dass man durchgeprügelt oder im Winter in den Brunnen geschmissen wird. Ich bin dem entgangen, weil ich selbst zu stark war. Ich habe die halt versohlt, und dann haben die froh sein müssen, dass sie davongekommen sind. Ich war einmal in der Gefahr, dass ich in den Brunnen geschmissen werde. Das war schon im Dezember, das wäre keine Hetz gewesen. Aber die Burschen haben etwas hinter die Ohren bekommen von mir. Es ist jetzt vorbei, es sei ihnen verziehen. Mit allen, mit denen ich damals übers Kreuz gekommen bin, lebe ich heute in Frieden. Ich kenne keine ewige Feindschaft.

Haben Sie in der Zeit, als Südtirol von Deutschland besetzt war, Nachteile gehabt als Dableiber?
Ja, wenn, sagen wir, Vorteile ausgegeben wurden, dann ist man als Dableiber ausgelassen worden. Zum Beispiel war ein Dorfbrand in St. Georgen, das ist das nächste Dorf nördlich von Bruneck. Danach hat Deutschland, der Gauleiter Hofer, der für das Gebiet zuständig war, sich erkundigt, was die Leute sich am ehesten wünschen und nicht kriegen können. Der Bauer hat ein anderes Verhältnis zum Hut als die Bürgerlichen, da haben die Bauern gesagt: „Wir kriegen keine Hüte." Also sind Hüte verteilt worden in St. Georgen, und da sind die Dableiber ausgelassen worden. Da haben sie keine Großzügigkeit gekannt.

Ihr Vater hat gesagt, ein System, das nicht gerecht ist, hat keine Zukunft.
Es kann nicht gut sein, das hat er moralisch gemeint.

Könnte es auch damit zusammenhängen, dass Ihre Familie adelig ist und man in der adeligen Tradition auch immer eine besondere Verantwortung für die Gesellschaft hat?
Das trifft sicher auf meinen Vater zu. Der hatte schon das Bewusstsein, dass er der adeligen Schicht angehört, dass er mehr Verantwortung hat und mehr persönliche Mitverantwortung für das Geschick seines Volkes. Das war bei meinem Vater sicher maßgebend. Das hat auch für mich noch eine Bedeutung gehabt.

Wie kann man die Verantwortung beschreiben?
Das ist eine Frage, die ich erst durchdenken muss. Eine Verantwortung ist zum Beispiel die, dass ich mich veranlasst sehe, bei der Gemeinde mitzuarbeiten, das ist eine Frage. Ich kann nicht verpflichtet werden, politisch mitzuarbeiten, denn dazu gehört eine gewisse Voraussetzung. Aber es kann die Frage an mich herangetragen werden. Es braucht Leute in der Gemeinde-

verwaltung, und da müsstest du mittun. Und deshalb habe ich eine Periode lang im Gemeinderat mitgetan, aus diesem Verantwortungsbewusstsein.

Waren Sie nicht beteiligt daran, dass es ein Gymnasium in Bruneck gibt?
Die Gründung des Gymnasiums geht auf mich zurück. Die Leute wollten eine Handelsschule oder eine andere Schule, und ich habe geschaut, dass wir ein Gymnasium bekommen. Der Schulamtsleiter war ein Geistlicher, der Josef Ferrari geheißen hat. Er hat einen italienischen Namen gehabt, aber er war ein guter Südtiroler. Der ist eines schönen Tages an mich herangetreten und hat gesagt: „Wenn Sie in Bruneck eine Gruppe von Eltern zusammenbringen, sodass wir die Garantie haben, dass wir in den nächsten paar Jahren so und so viele Schüler zusammen bekommen ..."

... da hat er den Richtigen gefunden ...
... da hat er den Richtigen bekommen. Die Leute haben auch gesagt, der Sternbach hat sich so für das Gymnasium eingesetzt, weil er es für seine Kinder gebraucht hat.

Sind alle Ihre Kinder aufs Gymnasium gegangen?
Ja.

Und auch im Bereich der bäuerlichen Genossenschaften haben Sie sich engagiert.
Ja, ich war der Leiter eines Zuchtverbandes. Ich glaube, das kann ich sagen, auf diese Arbeit kann ich stolz sein. Dass wir eine Gruppe von Tieren, die als Rasse am Aussterben war, die Pinzgauer Rasse, erhalten haben. Dafür habe ich mich eingesetzt, dass die auch einen Zuchtverband gründen wie die anderen. Es gibt drei Rinderrassen in Südtirol. Die Pinzgauer, das sind die roten, eigentlich eine österreichische Rasse, aus Salzburg. Dann die Schweizer Braunen und die Grauen. Und für jede Rasse wurde nach dem Krieg ein Zuchtverband gegründet, und ich habe den für die Pinzgauer gegründet. Das war eine ähnliche Situation wie bei den Dableibern. Die Pinzgauer Züchter waren die kleinste Gruppe, und gegangen ist es natürlich um Geld. Die öffentlichen Gelder sind von den anderen beiden Verbänden den Pinzgauern geneidet worden. Und da habe ich mich dann auch durchsetzen müssen.

Das war Ihnen aber auch ganz lustig, sich durchsetzen zu müssen gegen die große Masse.
Ja, kämpfen tu ich gerne, ich kämpfe gerne. Das hat mir immer Spaß gemacht.

Wir machen eine kurze Pause. Das lange Gespräch hat Herrn von Sternbachs Stimme und seine Konzentration erschöpft. Er holt aus seinen Unterlagen eine Mappe mit Aufzeichnungen. Seiner Schwiegertochter Gertraud erzählt er schon seit längerem aus seinem Leben. Teils schreibt er selbst, teils nimmt sie die Geschichte mit Tonband auf, transkribiert sie und schreibt sie rein.

Ich bin erblich belastet durch meinen mütterlichen Großvater, der war österreichischer Offizier. Der war aus Spanien. Ein Teil Spanien ist ja einmal von Österreich besessen worden. Als die Habsburger das aufgegeben haben, ist seine Familie mit. Henriquez hat er geheißen.

Vielleicht haben Sie von daher das Kämpferische?
Nein, das haben wir Südtiroler schon selbst.

Hat es für Sie Bedeutung, dass Ihre Tochter in das österreichische Kaiserhaus eingeheiratet hat?
Ich habe schon eine Freude darüber gehabt. Und meine Mutter, die wäre so hoch gehüpft, wenn sie das gewusst hätte. Sie war die Tochter des Hugo Henriquez, sie hat das nicht mehr erlebt, für sie wäre das ein Geschenk des Schicksals gewesen. Das Kaiserhaus, das war halt etwas. Meine Mutter war ja Offizierstochter, da war man schwarzgelb, kaiserlich bis in die Knochen.

Wenn man so alt ist wie Sie, hat man schon viele gehen gesehen. Welche Erfahrung haben Sie gemacht, was von diesen Menschen bleibt oder geblieben ist?
Ja, bleiben tut etwas, wenn einer ein physisch darstellbares Werk vollbracht hat oder wenn er in einer Anhängerschaft führend gewirkt hat. Es ist schwer zu sagen.

Möchten Sie, dass von Ihnen etwas bleibt, oder: Was wird von Ihnen bleiben?
Was von mir bleiben wird? Das überlasse ich dem lieben Gott. Ja, es bleibt einmal eine große Familie über, viele meiner Gedanken in den Lebenserinnerungen. Was soll noch bleiben von mir? Dann hoffe ich, dass in meinen Angehörigen eine gute Erinnerung an mich bleibt, dass weiterhin noch Leute in Liebe an mir hängen. Meine Erinnerung pflegen, weil sie mich geliebt haben. Die Liebe ist schon ein ganz wichtiger Beweggrund in unserem menschlichen Leben.

Gibt es etwas, das Ihnen Leid tut, wenn Sie zurückblicken?
Ja, ich habe schon einige Male Leuten Unrecht getan. Einige meiner Taten möchte ich schon zurücknehmen können, möchte ich ungeschehen machen. Das stimmt schon. Aber es ist nicht furchtbar viel. Ja, aber das schönste Geschenk ist schon die Liebe.
Da gibt es von einem Lyriker, den ich sehr schätze *(er denkt nach und beginnt zu zitieren)*: „Daran ich mich ewig entzücke, Bild des geliebten Gesichts, rettende Brücke über das Nichts, begleitende Fähre über den Urstrom der Zeit." Ich weiß nicht, da fehlt mir ein Wort, und dann kommt zum Schluss: „Engelsgeleit". Und das fällt mir immer ein, wenn ich das Jugendbild meiner Frau anschaue. Na ja, ich habe viel gedichtet.

Er öffnet die Lade seines Schreibtischs und zieht einen Umschlag heraus, auf dem steht: „Die Hefte mit meinen Gedichten gehören Gertraud in Uttenheim, ich habe sie ihr geschenkt." Darin ist ein Heft, das mit eigenen Gedichten beschrieben ist. Inzwischen bringt Tochter Edith die Abendsuppe. Er sucht die Seite 32 in seinem Heft mit Gedichten. Dieses Gedicht will er noch vortragen.

Es steht natürlich in Zusammenhang mit meiner Frau:
„Wie oft muss Sehnsucht trauernd sich verweilen, doch glimmt sie heimlich fort in dir und mir, im Traum nur öffnet manchmal sich die Tür zu einem unvorstellbar seligen Vereinen. Du musst drauf achten, was die Menschen meinen, allein mein Wesen ist erfüllt von dir. Ich schau mich um, ob ich dich wo erspür, doch nirgendwo will eine Hoffnung scheinen. Zu wünschen wagt ich nicht, zu denken kaum, du bist bei mir, darf ich das wirklich denken? So wie der Herbst die reife Frucht vom Baum, so kann ich dir jetzt meine Lippen schenken, der Duft von deinem Haar, dein zarter Mund, die süße Verheißung tun sie kund." Ja, ich weiß nicht, ob es Ihnen gefällt?

Wie alt waren Sie, als Sie das geschrieben haben?
Da war ich schon über 60. Das ist das erste Sonett, das mir gelungen ist. Und auf die Sonette bin ich gekommen durch den Tiroler Dichter Leitgeb, der konnte die Sonette so aus dem Ärmel schütteln, und da war ich derart gefangen davon und habe es immer wieder versucht. Und es ist furchtbar schwer, dass man da um des Reimes willen auf den Inhalt nicht mehr aufpasst. Eine so schöne Form muss aber auch einen entsprechenden Inhalt haben.

Haben Sie die Gedichte Ihrer Frau gewidmet?
Meine Frau hat schon eine Freude gehabt, ich habe sie ihr immer vorgelesen. Ich würde nicht ungern in die Ewigkeit entfleuchen.

Das Gespräch mit Lothar von Sternbach wurde am 11. Mai 2005 in Bruneck, Südtirol, geführt.

Ein Denkmal werde ich nicht

Emilie Titz, Laufmädchen, Ehefrau und lustige Witwe, geboren 1903

Emilie Titz lebt in einem Zimmer eines Wiener Pflegeheims. Sechs Betten, sechs Bewohnerinnen. Nur ein Bett, ein Nachttisch, ein Sessel, ein Spind. Über dem Bett hängen ein paar Familienfotos.
Ich treffe Frau Titz im Aufenthaltsraum an, wo gerade eine Adventfeier stattgefunden hat. Frau Titz trinkt an einem Achterl Rotwein. Das nehmen wir mit zum Gespräch. Sie sitzt im Rollstuhl, schaut vor sich hin, sagt zuerst nicht sehr viel. Wir stellen uns mit dem Rollstuhl in eine Ecke auf dem Gang, immer wieder gehen Leute vorbei, aber wir sind relativ ungestört. Emilie Titz beginnt zu erzählen.

Die Leute sagen mir, ich habe noch so wenig Falten. Ich habe mich immer mit kaltem Wasser gewaschen und das Wasser nie abgewischt, sondern nur abgeklopft. Und in der Früh esse ich Kümmelbraten statt Kaffee. Der Fleischhauer hat ihn extra für mich gemacht, weil ich ihn alle Tage gekauft habe. In der Früh einen Kümmelbraten, 15 dag, und ein Glaserl Wein, drum bin ich so alt worden.

Wer hat Sie denn auf diese Idee gebracht?
Als ich noch gehen konnte, bin ich zum Selcher gegangen, der hat mir als warmes Essen den Kümmelbraten empfohlen. Und seit der Zeit habe ich ihn gegessen. Wein habe ich immer nur Weißen getrunken, nie Roten. So habe ich mich dran gewöhnt, dass ich statt dem Kaffee einen Kümmelbraten gegessen habe.

Wie lange sind Sie denn schon im Haus?
Kann ich Ihnen wirklich nicht sagen, dazu bin ich schon zu dumm. Wissen Sie, das können Sie sich nicht vorstellen, mit den Gedanken, das tut Ihnen da weh *(sie zeigt auf die Schläfe)*, dann gibt es Ihnen einen Stich, und Sie haben schon wieder weniger Gedanken. Das Hirn lässt nach. Ich beobachte alles an mir, und da bin ich draufgekommen, wenn ich die Schmerzen da habe, dass ich dann immer weniger sehe und weniger denken kann. Man darf sich nicht wundern, wenn einer dann im Alter blöd ist.

Sie sind lange gescheit geblieben, bis Sie 100 Jahre alt waren.
Ich habe viel gelesen, ich habe Bücher aus der Bibliothek geborgt. Was mich interessiert hat, habe ich mir gemerkt. Das macht die Übung, dass ich heute noch denken kann.

Was haben Sie gerne gelesen?
Nur Liebesgeschichten, das andere hat mich nicht interessiert.

Da wird man selbst wieder ein bisschen jung, wenn man so etwas liest.
Ja, aber Sie vergessen dann die Männer. Wenn Sie die Geschichten lesen, dann brauchen Sie keinen Mann mehr. Mein Mann ist schon lange tot. Der ist seelisch krank geworden. Der war 40 Jahre bei einer Firma, ist dann 65 worden, ist in Pension gegangen. Ohne jede Abfertigung musste er weg. Das hat ihn so gekränkt, dass er gestorben ist. Er war nicht einmal ein Jahr krank. Ich habe dann mit dem Arzt gesprochen, und der hat mir gesagt, das war seelisch, innerlich hat er sich gekränkt, aber gezeigt hat er es nicht. Habe ich gesagt: „Das habe ich nicht gewusst, sonst hätte ich anders gehandelt." Hätte ich ihn mehr getröstet. Aber ich habe immer gesagt: „Hörst du, ich verstehe das nicht, dass du nichts bekommst, wo du über 40 Jahre bei der Firma warst."

Wollten Sie noch gemeinsam etwas unternehmen?
Seine Pension habe ich dann bekommen, bis heute. Draufgezahlt haben nur die anderen, weil ich so lange lebe. Manche sind in dem Alter schon gedankenlos, aber ich bin noch lustig.

Haben Sie noch Freude am Leben?
Nein, jetzt nimmermehr. Wissen Sie, die ganze Verwandtschaft ist mir gestorben, jetzt bin ich allein. Ich habe alles bezahlt, mein Begräbnis, mein Grab auf zehn Jahre am Hernalser Friedhof. Da liegt mein Mann, da will ich auch liegen. Da werde ich dann sagen: „Servus, jetzt bin ich auch da." Wissen Sie, der Übermut, der ist halt furchtbar und der wird nicht besser.

Waren Sie immer lustig?
Immer. Ich war sehr beliebt, weil ich lustig war. Ich war nicht frech. Aber mir sind Einfälle gekommen, wo sie gesagt haben: „Das ist erstaunlich, auf diese Einfälle wären wir nie gekommen." Ich war ein lustiges Mädel. Als ich jung war, habe ich im zweiten Bezirk gewohnt, im Prater. Wenn ich im Prater eine Bekanntschaft gemacht

habe, sobald einer zweideutig worden ist, habe ich taube Ohren bekommen und habe von ganz etwas anderem geredet. Und er hat sofort gewusst, da bin ich bei der Falschen angekommen. Aber respektiert haben sie mich alle. Deswegen sage ich mir, du hast dein Leben genossen, jetzt kannst du gehen. So fällt mir das Sterben nicht so schwer. Dann schlafe ich ein, hoffentlich, weil Beschwerden habe ich gar keine. Natürlich ist es leichter, wenn man ohne Schmerzen einschläft und nicht mehr munter wird. Ich war schon 100 Jahre alt, aber ich bin noch übermütig wie ein junges Mädel. Aber es sind hier die Männer nicht dazu.

Waren Sie sehr hübsch?
Ich war ein lustiges Mädel, aber bis zu einer gewissen Grenze, gelt. Wie einer mit einer Andeutung gekommen ist, was glauben Sie, was ich da gemacht habe. Ich habe den nach Floridsdorf bestellt, und im 2. Bezirk habe ich gewohnt.
So denke ich mir, du hast dein Leben genossen, du könntest schon gehen. Aber dann sage ich, nein, der Teufel will dich noch nicht. Er hat Angst, dass ich alle närrisch mache, deswegen lässt er mich lieber noch leben.

Aus welcher Familie kommen Sie?
Der Vater war Schuhmacher, der hat die besten Schuhe gemacht. Der hat feine Damen gehabt, die zu ihm gekommen sind. Wir waren sieben Kinder. Können Sie sich vorstellen, wie arm die Mutter damals war? Die hat müssen noch Wäschewaschen gehen. Die hat in der Nacht gekocht, damit wir mittags etwas zu essen hatten. Ich war ein armer Teufel. Wir waren oft hungrig. Und keiner ist so alt geworden, nur ich. Geheiratet habe ich vor dem Krieg, ich war 23 Jahre alt. Fünf Jahre bin ich mit meinem Mann gegangen, ich wollte ihn aber nicht heiraten, ich habe es immer rausgeschoben. Er war ein sehr netter Mensch, er hat mich gern gehabt, aber ich wollte noch frei sein, ich wollte noch was erleben. So habe ich ihn zurückgehalten. Dann hat er gesagt: „Entweder du heiratest mich, oder es ist aus, länger warte ich nimmer." Da war ich 23. Da habe ich ihn dann geheiratet. Ein braver Mann war er. Ich hatte schon ein Kind, und ich konnte nicht einmal einen Christbaum hinstellen, weil wir so wenig Geld hatten. Da musste ich zur Schwägerin gehen und Geld ausborgen, dass ich einen Christbaum kaufen konnte. Es waren schwere Zeiten, sehr schwere Zeiten.

Das war es doch schnell vorbei mit lustig, wenn Sie Ihren Mann schon mit 18 kennen gelernt haben.
Nee, das war so, dass wir uns vor der Hochzeit ausgemacht haben, dass jeder in der Ehe machen kann, was er will. Ich habe meine Freiheit, du hast deine Freiheit. Er war leidenschaftlicher Kartenspieler, er ist bis in die Nacht im Kaffeehaus gesessen und hat Rommee gespielt. Ich bin im Bett gelegen und habe Romane gelesen. Oder bin ins Kino gegangen.

Waren Sie ihm treu?
Ja, lange, 40 Jahre.

Sind Sie gerne tanzen gegangen?
Oje, eine gute Tänzerin war ich. Den Burschen habe ich immer auf die Füße geschaut. Ich bin nie stehen geblieben, mich haben sie immer geholt, weil ich gut tanzen konnte. Flink, rund *(sie lacht)*, heute kriege ich einen Schwindel, weil ich ja alt bin.

Haben Sie mit Ihrem Mann auch getanzt?
Nein, nein, der ist im Kaffeehaus gesessen und hat Karten gespielt. Ich war manchmal allein tanzen ohne ihn. Wir haben die Freiheit gehabt. Das haben wir ausgemacht.

Wollten die Männer da nicht anbandeln?
Nein, nein. Ich habe nämlich sprechende Augen, hat mir der Augenarzt gesagt. Er hat

gesagt: „Sie müssen sehr vorsichtig sein, wenn Sie schauen." Und das ist wahr. Wenn ich einen Mann nicht leiden konnte, habe ich ihm einen solchen Blick zugeworfen, dass er gegangen ist. Das war ein böser Blick. Ich habe lustige Augen, aber auch böse Augen. Wenn mich einer fürs Bett wollte, der gemeint hat, weil ich lustig bin, bin ich auch für das geeignet, den habe ich angeschaut, dann hat er alles gewusst.

Ich versuche mit Frau Titz über ihre Kinder und Enkelkinder zu reden. Doch offenbar kann sie sich daran nicht mehr so gut erinnern. Sie verwickelt sich in Widersprüche, sodass wir das Thema lassen. Von der Sozialarbeiterin des Heimes erfahre ich später, dass Frau Titz zwei Töchter hat. Auch der Beruf ihres Mannes ist ihr nicht mehr geläufig.

Haben Sie einmal einen Beruf ausgeübt?
Ich war immer daheim. Mich hat keiner genommen. Die Hand *(der Zeigefinger der rechten Hand ist ganz klein, wirkt wie ein Kinderfinger)*. Deswegen hat mich keiner genommen. Als Kind, da habe ich durch das Schlüsselloch in den Garten gesehen, und da habe ich den Finger hineingesteckt, und kaum war er drinnen, hat es Knacks gemacht, und die Hälfte war weg. Jetzt habe ich nur die Hälfte da vorn. Deswegen sage ich, jede Mutter soll auf ihr Kind aufpassen in dem Alter, wo das Kind neugierig ist. Ich war auch neugierig und habe deswegen den Finger verloren. Aber trotzdem habe ich geheiratet. Meinen Übermut habe ich nicht verloren, ich bin noch immer lebenslustig, obwohl ich schon 100 Jahre alt bin. Am 3. Jänner 1903 bin ich auf die Welt gekommen. Zwei Kriege habe ich mitgemacht. Von 14 bis 18 war der erste Krieg. Da ist es uns schlecht gegangen. Da haben wir nichts zu essen gehabt, haben uns angestellt die ganze Nacht und dann doch nichts bekommen. Das war schwer.

Wie geht es Ihnen im Heim?
Sehr gut, ich kann mich nicht beklagen. Es gibt sehr gutes Essen und auch die Freiheit, ich kann es nur loben. Aber was nützt das alles, wenn man selbst nirgends mehr hingehen kann. Ich darf nicht mehr auf die Straße. Wenn ich niederfalle, dann muss ich mir alles selber bezahlen, weil sie es mir ja verboten haben.
Es ist nicht schön, alt zu werden. Lesen kann ich nicht mehr. Ich habe den grauen Star, der verkalkt langsam, sagt der Arzt. „Blind werden Sie nicht, aber Sie sehen schlechter." Muss ich warten, bis der Teufel mich holt, aber er will nicht kommen, weil er sagt, dann möchten ihm da unten die Teufel alle nicht folgen, ich möchte ihm alle lustig machen.

Woran denken Sie den ganzen Tag?
An gar nichts. Ich denke an vergangene Zeiten, das ist das Einzige, was ich tu. Dann muss ich oft lachen, welche Streiche ich gemacht habe, und so vergeht mir die Zeit. Lesen kann ich nicht mehr.

Glauben Sie? Waren Sie ein gläubiger Mensch?
Nein, ich bin nicht gar so gläubig. Die Erstkommunion habe ich auf der Insel Lussin Grande bekommen. An der französischen Grenze ist das, eine Insel mit einem Kloster. Da sind wir von der Schule aus hingeschickt worden. Das war recht lustig. Wir haben hinausgeschaut auf das Meer, wie die Schiffe gefahren sind. Wissen Sie, wie schön das war, in der Nacht, wenn die Schiffe hell erleuchtet langsam dahergefahren sind? Das sind Erinnerungen, von denen man nicht meint, dass man sie sich so lange erhalten hat, dass alles sich so eingeprägt hat. Ich war ein Jahr lang in dem Kloster. Das war im 11er Jahr. Ein Kind war ich noch. Die erste Kommunion, daran kann ich mich heute noch erinnern. Wir waren im Haus oben am Berg, und unten beim Meer war die Kirche. Und da haben wir müssen beichten. Ich habe weiße Strümpfe angehabt, ein weißes Kleid und ein Kranzerl. Bis wir nach Hause gekommen sind, waren die Strümpfe voller Löcher. Mittags

haben wir schlafen müssen im Garten, auf der Bank neben der Mauer. Die Lausbuben von der Ortschaft sind an die Mauer gekommen und haben uns geschreckt. So sind wir davongelaufen, und dafür haben wir wieder Strafe bekommen, weil wir nicht geschlafen haben. Das sind wirklich schöne Erinnerungen.

Sind Sie eine Kirchgängerin gewesen?
Nein, wenig. Seit ich im Heim bin, muss ich wieder in die Kirche gehen. Ich muss auch das Sakrament nehmen. Ich nehme es, aber ich kann es nicht runterschlucken. Ich tu so lange lutschen, bis es ein Knödel ist. Dann tu ich es runterdrücken und dann schlucke ich es. Was soll ich machen? Ich habe das als Kind schon gemacht, ich habe es nicht runtergebracht.

Manche hoffen, dass es nach dem Tod weitergeht, irgendwie.
Nein, das tu ich nicht. Ich sage, wenn ich gestorben bin, dann habe ich schon viel erlebt. Es ist mein Mann gestorben, meine Eltern sind gestorben. Ich habe bei allen gesehen, wie sie gestorben sind. Bei meinem Mann bin ich gesessen, und er ist gestorben. Auf einmal hat es klack gemacht, einen lauten Knall, und er ist dort gelegen und hat sich nicht mehr gerührt. Das habe ich auch bei meinen Eltern erlebt. Jetzt habe ich gewusst, wenn man den Knall hört, dass der Mensch nicht mehr lebt. Da reißt das Herz ab. Und dann weiß man nichts mehr, weil kein Blutverlauf mehr ist.

Sie glauben nicht, dass es nach dem Sterben weitergeht?
Nee, nee, nein. Wenn Sie einmal drinnen liegen, fressen Sie nur die Würmer, weil sie den Sarg durchbissen haben. Wenn Sie dick sind, brauchen sie länger, und wenn Sie mager sind, sind sie schneller fertig.
Ja, ja, der Übermut, der bleibt. Und das ist gut, wenn man so übermütig ist, wissen Sie, weil man dann die Angst nicht so hat. Sonst hat man Angst vor dem Sterben. Aber so, wenn Sie lustig sind und schon bemerken, es geht zu Ende – Sie müssen rechnen, ich bin schon hundert Jahre, ewig lebe ich nicht. So hübsch bin ich nicht, dass ich ein Denkmal werde. Wer weiß, wie lange es noch dauert. Nur wünsche ich mir das eine, dass ich mich am Abend niederlege und dann einschlafe. Sonst ist das nichts Gutes.

Das Gespräch mit Emilie Titz wurde am 10. Dezember 2004 im Wiener Pflegeheim „Haus der Barmherzigkeit" geführt.

So bin ich immer schön durchgekommen.

Christine Tröthan, Servierererin und Eisenbahnerwitwe, geboren 1903

Der Weg zu Christine Tröthan führt steil bergan. In Hochegg bei Grimmenstein, einem Luftkurort am Fuße des Semmerings, lebt sie in einem Heim des Blindenhilfswerkes. Sie ist an diesem Samstagnachmittag in ihrem Zimmer im 1. Stock des Hauses. Seit zwei Jahren lebt sie im Haus, aber vor kurzem hat sie das Zimmer gewechselt. Nun hat sie eines mit Balkon und Morgensonne. Christine Tröthan sitzt in ihrem Hochlehnstuhl, der mit der Auflage eines Gartenstuhls weicher gepolstert ist. Auf dem kleinen Tisch neben ihr liegt ein Stapel Zeitungen. Vor ihr steht ein Gehwagen. Im Gepäckfach des Wagens befördert sie eine braune kunstlederne Einkaufstasche. Sie ist mit einer goldfarbenen Kette verschlossen. Die Augen von Frau Tröthan wirken durch Weitsichtgläser stark vergrößert. Sie trägt Ringe an den Fingern, die Nägel sind dezent rosa lackiert. Das karierte Kleid ist aufgeputzt mit einem weißen Spitzenkragen. Ihr gegenüber hängt ein Familienbild an der Wand, das eine junge Frau und zwei Kinder zeigt. Es ist eine Nichte mit ihren Kindern.

Sie stammen aus einer Familie, wo viele schon sehr alt geworden sind.
Die Mutti ist 100 geworden, ihre Schwester 103, die andere Schwester hat ein Auto zusammengefahren, sonst wäre sie auch noch am Leben.

Haben Sie damit gerechnet, so alt zu werden?
Nein, das denkt man gar nicht.

Fängt man irgendwann zu rechnen an, ob sich das bei einem ausgehen wird, 100 zu werden?
Ich habe daran nie gedacht, ich war immer beschäftigt. Bis zum Heiraten war ich immer Serviererin. Das war meine Arbeit. Die Chefs haben mich sehr gern gehabt, weil ich sauber gearbeitet habe und flink. Das zählt ja. Zu mir sagen sie heute noch: „Die Rennerte ist schon wieder da." Weil über die Stiegen hinunter, da tummle ich mich, und die anderen schleichen so langsam, jetzt fällt ihnen das auf.

Haben Sie das Servieren gelernt?
Nein, ich habe überhaupt nichts gelernt, aber ich habe mich in alles so hinein gefunden, als ob ich es weiß Gott wie lange gelernt hätte. Das war mein Vorzug, dass ich alles so schnell begriffen habe. Ich war überall beliebt, und so bin ich immer vorwärts gekommen.

Wieviel Schule haben Sie denn gehabt?
Gar keine, fast. Nur ein paar Klassen. Da war der Krieg, da haben mich die Verwandten eingespannt zum Arbeiten. Da musste ich daheim bleiben. Ich kann mich noch erinnern, dass wir zum Direktor gegangen sind und darüber gesprochen haben, wie sie mich herauskriegen. Ich weiß nicht, war ich zwölf Jahre oder elf. Und wenn ich heute schreibe, sagen alle: „Mein Gott, Sie haben eine schöne Schrift." Da sind alle begeistert. Woher ich es habe, weiß ich selbst nicht. Na gut, der Vater war ja Generalmajor. Aber er hat die Mutter nicht dürfen heiraten, obwohl sie ein schönes Fräulein war. Aber heiraten hat er sie nicht dürfen. Das war damals so. Die durften nur Reiche heiraten. Die Mutter war ja nur ein Stubenmädel.

Christine Tröthan lacht, wie sie es in diesem Gespräch noch oft tun wird. Es ist kein heiteres Lachen. Es klingt eher, als wolle sie das Leben selbst verlachen.

War Ihr Vater der Sohn des Hauses?
Ja. Er war Leutnant. Generalmajor ist er erst später geworden. Er hat für mich gezahlt. Was die Reichen, die Kinder haben, zahlen mussten. Meine Verwandten haben alles eingehamstert, aber mich nichts lernen lassen.

Haben Sie Ihren Vater gekannt?
Nein. Aber er hat gezahlt. Da war ich schon verheiratet, da hat er immer noch gezahlt. Und dann habe ich eine Abfertigung bekommen, bevor er gestorben ist. Aber ich habe sie nicht angenommen. Ich habe gesagt, ich will das nicht, ich will nur ein schönes Heim, ein Elternhaus. Geld habe ich nicht genommen. Na, und dann ist das in eine Sparkasse gekommen nach Fünfhaus, und dann ist der Hitler gekommen, und das Geld war weg.

Stammte Ihr Vater aus einer Industriellenfamilie?
Das weiß ich nicht. Ich weiß nur, dass er eine sehr Reiche geheiratet hat, das durfte er vom Militär aus. Aber ich habe mich da nicht geschert, Hauptsache, er zahlt. Und die Verwandten haben sich gerauft um mich. Die Tante hat mich wollen, die andere Tante hat mich wollen, alle haben mich immer wollen, nur wegen des Geldes.

Mit ihrem Bruder hatte Christine Tröthan die Mutter gemeinsam. Christine kam gleich nach der Geburt zu Kostfamilien. Heute weiß sie nicht mehr, wer diese Menschen waren.

Wer war denn gut zu Ihnen als Kind?
Gut? Niemand. Die Mutter hat mich genommen, wie ich dann schon 11 Jahre war. Nicht einmal, dass mich die geküsst hat. Mich hat kein Mensch geküsst als Kind, niemand. Fremde machen das ja nicht, und sonst war da niemand. Niemand. Ja. Ich war als Kind schon traurig und dann erst als Erwachsene. Na ja. So wird man halt alt.

Sie waren immer bei Pflegeeltern und Verwandten?
Dann bin ich in Dienst gegangen, weil mir das schon zu blöd war. Die Tante war ja reich, und zu ihr habe ich sagen müssen: „Küss die Hand, Tante." Das war ein verzwicktes Leben, hat nichts geheißen, da bin ich dann in den Dienst gegangen.

Wo sind Sie da hingekommen?
Nach Wien halt, zu Herrschaften. Ein Dienstmädel, was macht die? Alles. Wenn die Köchin nicht da war, musste ich sogar kochen. Gelehrig war ich ja, weil ich habe immer alles gleich gut aufgenommen, und so konnte ich mich überall durchschlagen.

Haben Sie Erinnerungen an den Ersten Weltkrieg?
Na, was hat man da gekannt – Not, sonst gar nichts. War doch nichts zum Essen da. Beim Hitler haben wir es auch nicht besser gehabt. Das war dieselbe Sache. Das Geld nichts wert, nichts zum Bekommen gewesen, obwohl der Hitler die Kammern da ausgeräumt hat, die Kornkammern, nicht? Ja, da haben wir ja ein bisserl Lebensmittel bekommen. Das war eine Zeit, mein Gott. In der Jugend, wo man im Aufbau ist, haben wir leiden müssen, weil wir nichts zu essen hatten. Heutzutage die Jugend, die haben ja noch nichts erlebt, aber wir schon. Wir haben viel erlebt, Trauriges, nicht? Ach, ja. Und was ist das Ende? Ein Altersheim.

Ehe sie nach Grimmenstein kam, wohnte Frau Tröthan in einem Altersheim in Mödling. Mit 80 übersiedelte sie aus ihrem Haus in Felixdorf bei Wien in das Heim. Von ihren Verwandten wollte keiner bei ihr einziehen und sie samt Haus versorgen.

Sind Sie leicht ins Heim gegangen?
Weil ich immer lustig war, habe ich mich überall dreingefunden. Aber wenn nur alte Frauen um mich herum sind, das ist ja nichts.

Wann stehen Sie auf?
Meistens so dreiviertel sechs, sechs.

Wie geht der Tag weiter?
Dann schleichen wir uns hinauf. Das Frühstückszimmer ist noch zugesperrt. Jetzt warten wir heraußen am Gang. Das Frühstück wäre erst um acht, aber um halb acht machen sie eh auf. Dann ist Frühstück, dann gehen wir wieder ins Zimmer. Aber manchmal haben sie Vorträge, Turnübungen. Ich sage, ich brauche mit 100 Jahren nicht mehr turnen, lasst mir Ruhe. Na ja, warum soll ich turnen? Wenn ich mein Bett mache und zusammenräume herinnen, da turne ich genug.

Sie sind gesundheitlich noch ganz fit?
Ja, ich habe immer Venenleiden gehabt. Ich gehe nicht ins Kaffeehaus, wie es der Herr Verwalter will. Ich war noch nie drinnen. Warum? Weil ich mir denke, das Geld, das ich dort versaufe, das brauche ich doch für meine Medikamente. Weil ich kaufe mir die Medikamente, dort habe ich sie eh stehen. Seit ich die kaufe, sind die Venenleiden weg.
Ich probiere alles aus. Ich habe sehr selten den Arzt. Und den Franzbranntwein, den habe ich flaschenweise im Kastl. Wenn ich Kreuzweh habe, reibe ich mich ein, und gut ist es. Ich war nie krank. Ich war schon lange verheiratet, da habe ich noch nicht gewusst, wie ein Spital ausschaut.

Ist für Sie das Leben noch schön?
Nein, es heißt nichts. Oft tun sie etwas ausmachen, und mir sagt es niemand, und ich verstehe oft nicht, was sie reden. Wenn ich nachfrage, sagen sie, sie haben es selbst nicht gehört. Und so ist man halt so verlassen.

Sind Sie oft enttäuscht worden in Ihrem Leben?
Ich habe mir eh immer alles schön geschaukelt. War ja das Hirn da. Ich war ja nicht blöd. Ich habe alles durchgesetzt bei den Behörden und überall. Ja, weil ich die richtigen Worte überall gefunden habe und nicht lästig war. Und dadurch bin ich schön durchgekommen mit der äußeren Welt. Jetzt habe ich ja nichts mehr als die vier Wände. Ja, so ist halt das Leben. Jetzt müssen wir warten, bis der Gankerl *(der Tod)* kommt und einen hinunterdreht.

Denken Sie manchmal ans Sterben?
Oh ja, ich denke mir, das wäre gescheiter wie so herumknotzen. Sie haben ja nichts vom Leben. Gar nichts hat man mehr.

Wo wollen Sie einmal begraben werden?
Da habe ich schon vorgesorgt. Ich habe meiner Nichte damals, ich weiß nicht, wieviel Schilling das waren, eine große Anzahlung gegeben. Sage ich: „So, das gehört für meine Überführung", und liegen möchte ich bei meinem Bruder, ihrem Vater. Sie war einverstanden. Bin ich schon vorgemerkt.

Sie wollen nicht bei Ihrem Mann begraben werden?
Ach wo. Das Grab ist ja schon verfallen, das habe ich ja nicht mehr bezahlt. In dem Moment, wo ich in ein Heim gehe, werde ich doch kein Grab mehr bezahlen. Ich habe die Tausender doch für das Heim gebraucht.

Wie lange waren Sie verheiratet?
27 Jahre.

Und das war nicht so gut?
Geh, können Sie sich eh denken, alt und eifersüchtig. Der verdirbt Ihnen doch das Leben, da haben Sie ja nichts davon.

Was war er für ein Mensch?
Eisenbahner. Da habe ich mir gedacht, wie ich jung war, da hast du einmal eine schöne Pension. Und alt ist er auch, da habe ich gedacht, da geht er eh bald ein. Er war zwanzig Jahre älter. Na ja. Von der Pension habe ich nichts gehabt, weil ich bald ausgezogen bin und ins Heim gegangen. Und die räumen einen schon ab, da bleibt einem nicht viel.

Waren Sie kein bisschen verliebt?
Nein, geh! In so einen alten Knacker, verliebt!

Ich würde keinen Mann heiraten, in den ich nicht verliebt bin.
Sie täten das nicht?

Nein, das glaube ich nicht.
Wenn Sie sich ausrechnen, der hat eine schöne Pension und alles, angesehen war er auch, da greifen Sie schon zu. Da kann er 200 Jahre sein, macht es Ihnen nichts. Da denkt man nur an das, was hereinkommt. Zumindest ich habe so gedacht. Das war alles so auskalkuliert.

War Ihr Mann sehr knausrig?
Knausrig? Na, was heißt knausrig? Wir haben nicht einmal gescheit die Zahlungen für die Lebensmittel gehabt. Das hat er alles versoffen. Alles. Seine Kollegen haben alle ein Haus gebaut. Wir haben ja keines bauen können, weil das Geld ja alles futsch gegangen ist. Mit der Sauferei, nicht. Da können Sie nichts bauen.

Sie haben keine Kinder bekommen.
Nein. Er hat eh zwei Söhne gehabt. Einer ist an Herzinfarkt gestorben und einer im Krieg gefallen. Den kleinen, den habe ich eh gehabt, lange.

Hätten Sie gerne eigene Kinder gehabt?
Ja. Heute bereue ich es ja, dass ich keine habe. Weil so ein eigenes Kind, das kann nicht so grauslich sein, dass es einen im Stich lässt, das glaube ich nicht. Und sonst hat man ja niemand. Was scheren sich Nichten und Neffen um einen? Die sehen, das ist ja nicht unsere Mutter, wenn sie auch noch so lieb sind.

Hat es sich mit dem Kind nicht ergeben, oder wollten Sie keines?
War doch gar keine Rede von einem Kind, nie. Ich habe mir gedacht, ist eh gescheiter, von so einem Gsufferl möchte ich eh keines. Ich war immer eine gut Denkende. Ich habe immer vorausgesehen, alles.

Während der Hitlerzeit arbeitete Christine Tröthan im Flugzeugwerk Wiener Neustadt als Serviererin. Sie sagt, das sei ihre beste Zeit gewesen.

Was haben Sie von den Nazis gehalten?
Na, ja, ein bisschen großgoschert waren sie. Die haben es zu arg getrieben. Also auf Sozialdemokraten habe ich schon viel gehalten, aber dabei war ich nicht. Die haben viel getan, die Sozialdemokraten, damals. Aber als Frau hat man sich ja nicht hervorgetan.
Die haben auch viel draufgezahlt, die sich zu stark an den Hitler drangehängt haben. Weil der hat ja auch geglaubt, er ist der Herrgott, nicht? Und dann hat er müssen gehen. Aber der hat sich gleich selbst weggeräumt. Habe ich gelesen, damals. Na ja, so ein Herrscher, wenn der gar nicht mehr nachlässt, immer mehr und mehr, klar, dass das Volk dann stutzig wird, nicht?

Ist es Ihnen nach dem Krieg besser gegangen?
Na ja, da haben wir wieder alles bekommen, da ist es schon gegangen. Der Arbeiter ist halt immer der Petschierte. Was können Sie viel machen. Das bisserl Lohn da, da können Sie kein Haus bauen. Das geht grad auf fürs Leben. Wenn du arm bist, bleibst du arm. Wenn du nicht was erbst, kommst du nicht hoch. Ich habe einen Fehler gemacht, ich hätte das viele Geld vom Vater nicht weghauen sollen. Aber ich habe halt so gedacht, wenn ich es wirklich annehme, versäuft es mir der Mann. Beim Hitler habe ich ihm noch geschrieben, dem Vater, weil da haben wir ja den Ariernachweis gebraucht. Da hat er mir dann alles geschickt, seine ganzen Sachen vom Militär, daher weiß ich, was er alles war. Ist auch schön hoch gekommen. Es kommt jeder hoch, wenn er sich zusammennimmt. Ich glaube eh, ich habe viel geerbt vom Vater. Sonst wäre ich nicht so durchgekommen im Leben.

Wer war Ihnen denn am nächsten im Leben?
Meine Brüder. Die habe ich sehr gern gehabt.

Die waren jünger als Sie?
Ja. Den Hermann, den habe ich sehr gern gehabt. Der ist auch gestorben. Ja, sind halt alle mutterlos, vaterlos, und ein jeder hat geschaut, dass er selbst zu etwas kommt.

Sind die Brüder auch bei den Tanten aufgewachsen?
Nein, die waren irgendwo in der Kost. Der Hermann war in dem Institut, das mein Vater bezahlt hat, dort hat er seine Schulabschlüsse gehabt, die herrlichen, statt mir. Die Tanten waren in den so vernarrt, in den Hermann, so haben sie das für ihn bezahlt. Der musste nicht bei einem Bauern sein oder sich selbst durchwursteln.

Würden Sie etwas anders machen, wenn Sie nochmals anfangen könnten im Leben?
Ich hätte halt immer gern auch ein Geschäft gehabt. Aber mit nichts bekommen Sie nichts. Und wenn Sie einmal verheiratet sind, und Sie haben wenig Geld, da können Sie gar nichts unternehmen. Die Serviererei habe ich aufgeben müssen. Wenn du älter wirst, die wollen doch nur junge Mädchen. Da hilft die ganze Tüchtigkeit nichts.

Wenn Sie jemand fragt, was ist der Sinn vom Leben?
Du denkst immer, was habe ich erwirtschaftet, und warum habe ich mich so hineingelegt in alles, es ist doch nichts Rechtes daraus geworden. Wenn Kinder da wären, könnte ich sagen, ich hätte das für die Kinder gemacht. Wofür habe ich mich geplagt und gearbeitet? Für gar nichts. Und ich habe auch kein Interesse gehabt an einem anderen Mann.

Beim Eisenbahner haben Sie sich ja ordentlich getäuscht.
Na ja. Das war mein Ziel, nur habe ich den gefehlten Mann erwischt. Das Ziel wäre schon gut gewesen.

Christine Tröthan erzählt von ihrer Mutter, die mit 44 doch noch geheiratet hat. Einen Baron, der jünger war als sie und sich zur Hitlerzeit wieder scheiden ließ. Als Christine Tröthan Witwe wurde, zog ihre Mutter zu ihr.

Wie war das Zusammenleben mit der Mutter?
Na scheußlich. Wenn ich Ihnen sage, dass sie immer zu den Heurigen gegangen ist und gesagt hat, meine Tochter wird es schon zahlen, die ist eh reich. Wenn das einer hört, hätte er uns auch noch umgebracht. So unvernünftig. Die hat nicht mein Hirn gehabt. Ich habe dem Vater seines gehabt. Ich habe mich schön durchgeschlagen, überall. Das war viel wert, dass ich wenigstens den Vater gehabt habe.

Ich sehe in Ihrem Zimmer überall Marienstatuen. Sind Sie ein gläubiger Mensch?
Ja, warum nicht? Ich bin katholisch und werde katholisch bleiben. Ich gehe ab und zu in die Kirche, weil sich das gehört für Katholiken. Aber so wie meine Mutter bin ich nicht, dass ich dem Herrgott die Zehen abbeiße.

Wie stellen Sie sich das vor nach dem Tod, geht es weiter oder ist es aus?
Aus. Für mich ist es aus und aus.

Und das passt so?
Ich sage so, ich lasse jedem seinen Glauben und sein Denken, und ich mache meines auch. Ich lasse mir nichts dreinreden, wie ich bin, so bin ich und aus. Ich war immer ein fröhlicher Mensch, obwohl ich viel geweint habe. Aber die Fröhlichkeit konnte man nicht töten bei mir, das ist geblieben.

Was wünschen Sie sich noch für die Jahre, die noch bleiben?
Gar nichts, nur meine Ruhe. Dass nichts Trauriges über mich kommt, aber sonst gar nichts.

Das Gespräch mit Christine Tröthan wurde am 5. März 2005 in Grimmenstein, Niederösterreich, geführt.

140
141
142

Mein Gott und mein Alles

Sr. Aloisia Werner, Franziskanerin von der christlichen Liebe, geboren 1904

Ich treffe Sr. Aloisia Werner im Krankenhaus der Hartmannschwestern in Wien. Dort werden nicht nur Patienten betreut, sondern auch die alten Schwestern des Ordens. Sr. Clotilde hat Sr. Aloisia hübsch zurecht gemacht im Rollstuhl in den Besucherraum geschoben. Während ich das Diktiergerät in Gang zu setzen versuche, sitzt Sr. Aloisia geduldig und wartet. Sr. Clotilde hatte mir gesagt, dass Sr. Aloisia schon etwas aufgeregt ist wegen des Gesprächs. Das Besucherzimmer ist ein hoher Raum mit einem großen Tisch und lederbezogenen Stühlen rundum. Sr. Aloisia sitzt an der Stirnseite. An der Wand ihr gegenüber hängen ein Bild des Papstes und eines von Kardinal Schönborn. Zwischen den beiden Fotos ein Christus-Kreuz. Sr. Aloisia wirkt noch stattlich. Sie dürfte eine kräftige Frau gewesen sein.

Wann sind Sie 100 geworden?
Am 3. November. 1904 bin ich geboren, da war ich jetzt 100.

Wie war der 100. Geburtstag?
Ganz ruhig. Der Neffe macht immer ein bisserl Dummheiten. Der ist immer lustig, der Neffe. Schon als Kind habe ich ihn spazieren geführt, habe ihm jede Blume erklärt. Ich habe ihn sehr gerne gehabt.

Ihr Neffe ist Bischof Christian Werner.
Ja, das ist der Neffe.

Haben Sie geahnt, dass der einmal Bischof werden wird?
Nein, nie. Wir waren drei Schwestern im Kloster, aber von den Buben keiner. Da ist der Neffe dann Priester geworden. Auf einmal kommt er und sagt, dass er jetzt Priester werden wird. Da habe ich Freude gehabt. Dann hat er es erst den Eltern gesagt, und die haben sich erst gefreut!

Wie lange sind Sie schon im Orden?
Da bin ich jetzt über 80 Jahre. 1922 bin ich eingetreten, am 27. März.

Da haben Sie jetzt bald Jubiläum?
Jubiläum habe ich oft. Mit 25, mit 50, mit 75. Da liest der Christian immer ein Hochamt.

Sr. Clotilde hat ein Glas Wasser für Sr. Aloisia hingestellt mit dem Auftrag, sie möge nicht vergessen zu trinken.

Wollen Sie etwas trinken?
Nein, momentan nicht. In der Nacht muss ich so oft auf, mit der Niere habe ich Probleme. Fast jede Stunde muss ich auf das Schüssele gehen. In der Nacht habe ich die Schüssel, sonst gehe ich auf die Toilette.

Haben Sie alleine ein Zimmer?
Nein, eine Schwester ist noch da. Ich habe es nicht gern allein. Die zweite Schwester redet nicht viel. Die war immer arm, die war im Josefsheim bei den Schweinderln, das ist schwer gewesen. Ich könnte das nicht als Schwester. Als Krankenpflegerin ist es viel besser. 50 Jahre war ich als Krankenpflegerin in Lainz und 12 Jahre im Franziskusheim. Im Franziskusheim war meine Schwester, die hat gesagt, sie kann das nicht allein und sie will, dass ich komme. Habe ich gesagt, da muss ich folgen. Was die ehrwürdige Mutter sagt, die Generaloberin, das muss man tun. Mir war es auch Leid nach den 50 Jahren, die ich in Lainz war, aber meine Schwester hat mir auch erbarmt. Ich habe dann für sie gearbeitet. Sie war schon so schwer krank, zum Sterben. Sie ist dann rasch gestorben. So ein schneller Tod ist auch recht gut. Vorbereitet hat sie sich immer, hat die Schwester Oberin gesagt. Wenn man sich vorbereitet, kann man gleich zum Jesus gehen, da braucht man nicht ins Fegefeuer. Wir waren sehr glücklich zu Hause, zehn Kinder. Eine kleine Schwester ist gestorben. Der Vater hat sie gehutscht. Die Mutter hat gesagt: „Lass das Kind doch sterben, es kommen doch eh noch Kinder nach." Er hat es nicht wollen sterben lassen, der Vater. Aber es ist dann eingeschlafen in seinen Händen. Genoveva hat sie geheißen. Katharina, das war die erste, dann die Rosi, dann Elisabeth, das bin ich, die Maria, der Franzl, der Johannes, der Josef, der letzte war der Toni. Die sind beide im Krieg gefallen, der Franzl und der Toni. Der Franzl hat vier Kinder zurückgelassen. Die Schwägerin hat vierzehn Tage geweint und nichts gegessen. Mein Vater hat zu ihr gesagt: „Willst du die Kinder auch noch allein lassen?" Dann hat sie sich wieder zusammengenommen. Das ist schwer. Sie haben schon das erste Kind verloren, den Franzl. Das war so ein herziges Kind. Da haben die Nachbarn schon gesagt: „Du, Frau Werner, das Kind wird Ihnen nicht lange leben, es ist zu schön für die Erde." So herzig war er. Dann geschah ein Unglück. Die haben den

Trank für die Viecher gerichtet, da ist er hineingefallen. Er kam ins Spital, aber Kinder vertragen ja keine Injektionen, da ist er gestorben. Er ist ins kochende Trank gefallen. Er war vier, fünf Jahre alt.

Wo sind Sie geboren?
In Zirova, das ist ein Dorf in Schlesien. Das war deutsch. Jetzt ist es in Polen. Früher war es Österreich, hat uns der Großvater erzählt. Es hat geheißen, es kommt wieder zu Deutschland, aber bis jetzt ist es nicht so. Obwohl die Kommunisten schon weg sind, aber die geben nichts her. Wir waren dort wallfahrten mit Christian. Der Christian ist jetzt schon zehn Jahre Bischof. Davor war er schon 24 Jahre Pfarrer. Dann wurde er ausgewählt als Bischof, weil er alles so gut macht. Das kann nicht jeder.

Sie beten viel für ihn?
Jeden Tag, freilich. Ich habe auch für die gnädige Frau gebetet, Gott segne Sie mit der Allmacht des Vaters, der Weisheit des Sohnes, Kraft des Heiligen Geistes. Ja, da bete ich, wenn ich weiß, es kommt wer. Das ist bei mir so.

Welche Sprache haben Sie zu Hause gesprochen?
Einmal Polnisch in der Schule, einmal wieder Deutsch. Wir haben zwei Sprachen gelernt.

Welchen Beruf hatte der Vater?
Der hat in der Zuckerfabrik gearbeitet. Wir haben Felder gehabt. Die Mutter hat selbst Brot gebacken. Wir haben Getreide gehabt, Pferde haben sie auch gehabt.

Haben Sie eine schöne Kindheit gehabt?
Wunderbar. Ja, wunderbar. Wir haben zu Hause immer geholfen, wenn wir von der Schule gekommen sind. Wenn die Eltern arbeiten gegangen sind, habe ich geweint. Jeden Sonntag bin ich den ganzen Tag nach Annaberg, in den Wallfahrtsort. „Einmal wirst du doch ein Opfer bringen können", hat die Mutter gesagt. Das habe ich im Kloster gelernt, das Opferbringen. Wir Kinder haben beim Kartoffelschälen geholfen. Beim Zusammenräumen hat uns die Mutter immer gelobt. Immer schön gelobt hat sie uns. Ja, das war wunderbar. Ich bin schon mit 17 Jahren weg ins Kloster.

Wie sind Sie auf die Idee gekommen, ins Kloster zu gehen?
Schon als Kind, immer wenn ich die Schwestern gesehen habe. Wir haben bei Annaberg ein Feld gehabt. Die Schwestern sind vom Bahnhof nach Annaberg bei uns vorbeigegangen. Ich habe immer geschaut, dass ich in der Nähe bin, wenn sie vorbeigehen. Dann habe ich gesagt: „Gelobt sei Jesus Christus." Da haben sie gelacht. Sie haben gesagt: „Möchtest auch eine Schwester werden?" „Ja", habe ich gesagt. Da war ich noch ein Kind, bin noch in die Schule gegangen. Auf einmal kommen zwei Schwestern, die Vertreterin der Generaloberin und noch eine Mitschwester, und sagen zur Mutter beim Einkaufen: „Wir schauen nach Mädels für das Kloster." „Ja", sagt die Mutter, „wir haben zwei. Aber die glauben, der Heiland muss sie holen. Die haben schon alles fertig, weil sie sich erkundigt haben, was sie alles bringen müssen." Wir haben noch alles mitnehmen müssen. Zwölf Röcke, zwölf Hemden, das haben wir alles fertig gehabt. Die Mutter hat uns auch Tuchenten mitgegeben.

Was hat man alles mitgenommen ins Kloster?
Tuchenten, Hemden, Unterröcke, das hat die Mutter alles genäht. Das andere haben wir im Kloster gemacht, als Kandidatinnen. Zwei Kleider haben wir mitgehabt. Jacken haben wir schon mitgehabt, jede zwei schwarze Jacken. Meine Schwestern hatten die Großeltern schrecklich gern. Die Großmutter hat zur Mutter gesagt: „Ich habe euch den Vater gegeben, meinen Sohn, dafür musst du mir die erste Tochter

geben." Und sie hat sie genommen. Wir haben zusammen im Haus gewohnt, die Großeltern hatten zwei Zimmer. So viele Kinder, wir hatten Schlafbänke. Zwei da und zwei da, vier haben da geschlafen. No, das war ein schönes Leben. Die Mutter hat am Morgen wieder die Tuchenten weggegeben, und so war die Bank wieder zum Sitzen. Schlafbank heißt das. Soviel Betten kann man gar nicht haben. Als wir gekommen sind, hat der Vater gar am Boden geschlafen. Wir hatten einen schönen Boden. Dann haben sie Zimmer gemacht auf einer Seite. Die andere Seite haben sie gebraucht für Pferd, Heu und so. Und die Scheune haben sie auch gehabt. Das war nur klein, zwei Kühe. Aber trotzdem, Milch, Butter, Getreide, alles war da. Da haben wir keine Not gehabt. Wenn die Mutter etwas gekocht oder gebacken hat, dann waren die Kinder schon da. Die fremden. Die hatten kein Geld zum Einkaufen. Da hat sie den anderen Kindern auch etwas gegeben. Das war ein schönes Leben.

Haben Ihnen die jungen Männer nie gefallen?
Nein, habe ich nie geschaut. Habe ich überhaupt kein Verlangen. Wir haben alle schön gegrüßt, aber mehr brauche ich nicht.

Hat Ihnen später auch nie einer gefallen?
Nein. Ja, alte Männer habe ich gepflegt, die habe ich gerne gehabt. Einen habe ich direkt bekehrt. Er hat sich erlaubt, die Pflegerinnen zu begreifen. Die haben gesagt: „Schwester, wir gehen nicht mehr zu dem Mann da." Geh ich hin zu ihm, sag ich: „No, ich hab was gehört von Ihnen, jetzt gebe ich Ihnen nichts mehr, wenn Sie das weiter tun. Sind Sie brav, dann habe ich Ihnen gern." Habe ich zu den Pflegerinnen gesagt: „Da könnt ihr schon hingehen, der ist brav." Dann sind sie hingegangen, haben sie gesagt: „Jö, der ist so brav, dank der Schwester." Da braucht man nur ein bisschen reden.

War der Abschied von zu Hause schwer?
Nein, gar nicht so. Die Mutter hatte schon ein bisschen Tränen. Die Großmutter hat sehr geweint. Wir haben durch das Schlüsselloch geschaut, Großmutter und Großvater liegen am Boden und weinen. Sie wollten, dass die Kathi heiratet. Aber sie hat das nicht gehabt zum Heiraten. Sie ist halt bald im Kloster gestorben. Später bin ich dann einmal nach Hause gekommen. In unserem Orden kommen wir niemals nach Hause, außer wenn die Mutter zum Sterben ist oder so. Sonst nie. Lange habe ich nicht auf Urlaub oder zu Besuch fahren dürfen. Schwere Zeiten waren das.

Wann waren Sie das erste Mal zu Hause auf Urlaub?
Wann war denn das? Das war noch nicht vor den Ewigen Gelübden. Die Arcadia durfte nicht fahren bis nach den Ewigen Gelübden, die andere ist ja schon gestorben. Wie ich nach Hause gekommen bin, hat die Großmutter gefragt: „Wo hast du denn die Kathi?" Sie hat gewusst, die ist gestorben. Sie hat gesagt: „Die haben sie umgebracht im Orden."

Wie war es dann im Orden? Wie hat es Ihnen gefallen?
Die Mutter war ganz stolz. Da haben wir einen schönen Schleier gehabt. Jetzt haben wir so einen gewöhnlichen. Aber jeder Orden hat einen anderen Schleier gehabt. Wir haben wirklich einen schönen Schleier gehabt, so gesteift alles. Als ich Kandidatin war, sind die Novizinnen gekommen, die haben gesagt: „Wir wissen nicht, wie wir den Schleier machen sollen." Das habe ich ihnen machen können. Das war alles so gezogen und gebunden. Ich konnte das so schön machen.

Haben Sie sich gefallen mit Ihrer Tracht?
Sehr gefallen. Ich habe das sehr gerne gehabt.

Haben Sie eine Krankenschwesternausbildung bekommen, als Sie in den Orden gekommen sind?
Wer war denn da? Eh der Hitler, glaube ich. Der hat gesagt, wir dürfen keinen Kurs machen. Wenn wir schon zehn Jahre bei den Kranken sind, hat er es nicht erlaubt. Ich war ja froh. Aber meine Schwester wollte gerne einen Kurs machen. Ich habe in der Schule schwer gelernt. „Arbeiten tut sie ganz gerne, aber lernen nicht", hat schon der Vater dem Lehrer gesagt. „Die plagt sich so, wenn das Licht schon ausgelöscht ist, macht sie beim Ofen noch Feuer, dass sie das lesen und lernen kann." Aber nur schwer habe ich das zusammengebracht. „Nicht genügend" habe ich nicht gehabt, aber „genügend" schon, nicht „sehr gut" wie die anderen Geschwister. Die haben nichts gelernt und lauter Einser gehabt. Ich habe viel lernen müssen, ich hätte mich geniert, wenn ich nichts gekonnt hätte.

Was war für Sie die schönste Zeit im Leben?
Eigentlich, wie kann ich sagen, das ganze Leben. Es war wirklich alles schön.

Leben Sie noch gerne?
Leben tu ich. Ich sage nicht, dass es ein Unglück wäre. Aber bitten tun wir, Heiland, wir sind schon so lang auf der Erde, wir möchten schon zu ihm.

Wie möchten Sie gerne einmal sterben?
Sterben? Wie der Herrgott will, man kann sich nicht aussuchen wann und wie. Da muss man sich in den Willen Gottes geben. Wann es kommt. Sterben möchte auch die Kleine. Wir beten den Rosenkranz und singen verschiedene Lieder. Weil die gibt keine Ruh, beten, beten, beten. Jetzt ist sie ein bissl verloren, ganz verloren ist sie nicht. 93 ist sie.

Was glauben Sie, wie wird es nach dem Tod weitergehen?
Ja, entweder muss man noch ins Fegefeuer, ein bisserl, oder wenn wir immer mit dem Heiland gelebt haben, kann man gleich in den Himmel kommen. Wir zwei, wir beten nur, sonst tun wir nichts. Sündigen tun wir jetzt nicht mehr. Die Kleine will nur beten. Dann sage ich: „Tun wir ein bisserl ausruhen, der Heiland will auch, dass wir ein bisserl ausruhen." Fängt sie schon wieder zu beten an. Ich habe sie so gerne. Sie kommt immer um zwei Uhr in mein Zimmer. Sonst sind wir in der Kapelle, und am Nachmittag ist sie bei mir. Wir beten wieder Rosenkranz für alle Schwestern. Für alle beten wir, für die ganze Welt muss man beten, alle brauchen das Gebet.

Wann beginnt der Tag für Sie?
Um vier Uhr. Da stehe ich auf, waschen tu ich mich wie baden, ich bin so gewöhnt, mich ganz waschen, da brauche ich fast eine halbe Stunde. Dann legt man sich wieder ins Bett. Dann ist heilige Messe, aber nicht bei uns, sondern über Lautsprecher. Unsere ist erst um sieben Uhr in der Kapelle. Nach der heiligen Messe ist Frühstück, dann gehen wir wieder in die Kapelle, dann beten wir Rosenkranz. Einmal waren wir acht, die sind alle schon gestorben, jetzt sind wir noch vier. Jetzt beten wir in der Fastenzeit Kreuzweg. Da muss man laut beten. Manche kennen sich nicht so aus, weil sie so verloren sind.

Sie sind die Vorbeterin?
Ja, ja. Da sind wir fertig um zehn Uhr. Manche gehen in das Zimmer, andere bleiben bis zum Mittagessen. Um elf Uhr haben wir Mittagessen.

Wer war für Sie der wichtigste Mensch im Leben?
Das kann ich nicht so sagen, alle Menschen habe ich gerne gehabt, ob Frauen oder Männer. Es war immer ein schönes Leben bei den Kranken. Wir haben zwölf Stunden Dienst gehabt, erster Beidienst hat das geheißen, dann gleich Hauptdienst, 24 Stunden, und dann nur ein Tag frei. Viele Jahre.

Würden Sie alles noch einmal gleich machen in Ihrem Leben?
Wenn Gott will schon. Man freut sich schon, dass man zum Jesus kommt in die ewige Heimat. Aber wenn er es haben will, machen wir es wieder so wie Jesus will. Wir ergeben uns in den Willen Gottes. Dann ist der Mensch glücklich. Die Kleine hat auch gesagt, wir können beten, dass uns der Heiland holt. Aber wann er will. Sie ist so herzig. Edeltrudis heißt sie, Edeltrudis. Ich sage: „Du bist mir die liebste Schwester, weißt du das?" „Ich habe dich auch gern", sagt sie. Im Kloster ist schön leben.

Wieder tauchen Erinnerungen an die Kindheit auf. Sr. Aloisia hat der Mutter geholfen, Nudeln zu machen. Für feine Nudeln hätte ihr Geschick nicht gereicht, aber die Mutter hätte sie auch für die breiten gelobt. Oft habe es daheim Grammelnudeln gegeben oder Kartoffeln mit saurer Milch.

Kommt man als Klosterschwester leichter in den Himmel?
Nicht immer. Das hängt davon ab, wie man den Heiland liebt. Ob man mit ihm vereinigt lebt. Es gibt Schwestern, die einen schweren Charakter haben. Die sind nicht so lieb. Aber wenn man das erträgt, kann man früher in den Himmel kommen. Wenn man alles von den anderen erträgt, wenn man nichts sagt, wenn sie schimpfen, das ist etwas Großes. Ja, der Vater hat mir schon gesagt: „Du willst in Kloster gehen? Ich habe Freude mit dir, aber du musst wissen, die im Kloster sind nicht alle Engel, die sind auch Menschen."

Sr. Aloisia erinnert sich an Begebenheiten, wo hinter ihrem Rücken getratscht und der Ordensoberen Unwahrheiten erzählt wurden. Damals habe sie sich geärgert, dass die Oberin nicht versucht habe, durch Nachfrage zu klären, was wirklich vorgefallen ist. Inzwischen ist Schwester Clotilde zurückgekommen, um Sr. Aloisia zum Mittagessen abzuholen. Sie erzählt, wie schwierig es heute sei, Nachwuchs für den Orden zu bekommen.

Für den Nachwuchs und den Priesternachwuchs beten Sie auch viel?
Ja, freilich. Das ist eine große Gnade, dass ich noch ein bisserl Verstand habe. Die anderen können das nicht mehr, das Denken, ich auch nicht mehr so wie früher. Aber ich kann alles verstehen. Lesen kann ich jetzt nicht. „Wie steht es mit dem Brevierbeten?" hat der Beichtvater gefragt. „Das kann ich, ja", aber ich hätte sagen müssen: „Das kann ich jetzt nicht mehr."

Aber Sie können bestimmt viele Gebete auswendig?
Das ja. Die Muttergottes hat immer gern, wenn man Rosenkranz betet.

Sr. Clotilde berichtet von einer schweren Magenoperation, die Sr. Aloisia im Jahr 1998 gehabt hat. Niemand hätte gedacht, dass sie diese übersteht. Inzwischen hat sie sogar auch eine Augenoperation gut bewältigt.

Sr. Aloisia, ich glaube ja, Sie wollten gerne 100 Jahre alt werden.
Nein, nie. Ich wollte jung sterben. Ich habe den heiligen Aloisius oder die heilige Theresia so gerne, und ich wollte auch gerne so jung sterben wie sie. Aber als dieses Alter vorbei war, wollte ich warten auf die Muttergottes, die war 72, als sie gestorben ist. Aber wieder bin ich nicht gestorben. Hab ich gesagt: „Wie lange muss ich denn noch warten?" Vielleicht so lange wie der heilige Antonius? Der war 103 Jahre.

Das Gespräch mit Sr. Aloisia Werner wurde am 19. Februar 2005 in Wien geführt.

Jö, die Wohlfahrt-Mutter!

Maria Wohlfahrt, ehemals ledige Mutter, geboren 1906

Maria Wohlfahrt stammt aus dem burgenländischen Podersdorf, hatte neun Geschwister, wurde jung Mutter eines ledigen Kindes und lernte, sich im Leben durchzusetzen. Maria Wohlfahrt schaut mit ihrer Tochter gerade einen alten Heimatfilm an, als ich sie an einem Samstagnachmittag besuche. Neben ihr auf dem Sofa liegt ein Stoß Zeitschriften. Maria Wohlfahrt liest noch ohne Brille.
Im hohen Alter musste sie nochmals übersiedeln, von einer Enkelin zu ihrer Tochter Josefine. Der Schmerz über den Heimatverlust ist im Gespräch allgegenwärtig.

Lebt noch jemand von Ihren neun Geschwistern?
Ja, zwei, die Kathrin und die Anni. Die Schwestern sind auch nicht mehr jung. Ich habe acht Kinder, und nicht einmal einer hat einen krummen Finger. Und ich sage Ihnen, das waren schlechte Zeiten mit den Kindern. Im 1932er Jahr habe ich geheiratet. Wissen Sie eh, was das für eine Zeit war. Knapp mit allem, kein Geld, kein Haus, nur ein Zimmer. Und im Haus keine Heizung. Bei der Mauer war der Reif, und die Kinder haben geschlafen, denen hat die Kälte gar nichts gemacht. Wir haben zu der Zeit nur in der Küche geheizt. In der Früh habe ich die Fenster aufgemacht, das Bettzeug gelüftet, und die Kinder haben weitergeschlafen. Und gesund waren sie wie die Kirschen. Meine älteste Tochter ist in Wien, die ist über 25 Jahre mit der Straßenbahn gefahren. Die ist am 5. April im 1930er Jahr auf die Welt gekommen. Als ich geheiratet habe, war sie über 2 Jahre alt.

Die älteste Tochter hatte einen anderen Vater als die übrigen sieben Kinder?
Ja, aber seine Leute haben ihn nicht heiraten lassen. Er ein 9er Jahrgang und ich ein 6er. Na, und deswegen bin ich dann fort nach Wien. Im Blindeninstitut in Wien war ich drei Jahre Bedienstete. Dann habe ich im Urlaub bei einer Freundin in Podersdorf meinen Mann kennen gelernt. Im November, am 20., habe ich ihn geheiratet. Aber ich habe da viel mitgemacht. Als ich ihn zu meinen Eltern hinausgeführt habe, habe ich ihn allein hineingeschickt, und ich bin draußen gestanden. Jetzt, habe ich gedacht, kommt der Moment, weil ich ihm das ja nicht gesagt hatte, dass ich ein Kind habe. Er hatte mir versprochen, wenn ich mit ihm gehen täte, würde er mich heiraten. Hören Sie, jetzt kommt der Moment. Er hatte eine Flasche Wein mitgenommen und Zigaretten und ist zu meinen Eltern hineingegangen. „Ja", hat er gesagt, der Vater, „du wärst mir ja ganz gut als Schwiegersohn, aber weißt du auch, was sie hat?" „Ach", hat er gesagt, „was könnte sie denn haben?" „Ja, das wirst du gleich sehen." Wissen Sie, im Hof haben wir ein dreiteiliges Fenster gehabt mit einem durchsichtigen Vorhangerl, und ich habe von draußen hineingeschaut, und sie haben drinnen verhandelt. Der Vater sagt: „Das wirst du gleich sehen", und er ruft sie, Margret hat sie geheißen. Und sie antwortet: „Großvater, Großvater, ich bin schon da", und ist herausgerannt aus dem Zimmer und zu ihm hin. Jetzt hat er geschaut. „Das gehört ihr." „Jetzt", hat der Vater gesagt, „kannst du mir deine Meinung sagen. Weil du darfst nicht glauben, wenn du sie heute hinausweist, dass du sie morgen daherbringen kannst. Das musst du dir schon überlegen." Danach haben sie wieder eine Weile getrunken und geraucht. Danach hat er gesagt, jetzt weiß er es: „Herr Wittmann, ich heirate sie mit dem Kind genauso gern wie ohne Kind."

War der Vater des ersten Kindes eine große Liebe?
Na ja, wir sind schon eine Weile gegangen. Das war auf einem Gut, und ich war dort eine Herrschaftsköchin. Mein Freund war auch ein Angestellter, aus St. Andrä am Zicksee.

Warum haben die Eltern Sie nicht heiraten lassen?
Er war ein 9er und ich ein 6er-Jahrgang.

Wegen des Alters?
Nein, das hatte mit dem Alter nichts zu tun. Sie haben das Kind ausbezahlt, und mit dem Geld haben wir Haus gebaut und das Kind draufstellen lassen *(es als Eigentumsberechtigten eingesetzt)*.

Man konnte den Unterhalt für ein Kind ausbezahlen lassen?
Ja, ich habe keinen Unterstand gehabt mit dem Kind. Also bin ich nach Neusiedl gefahren zu einem Obervormund und habe den ersucht, ich möchte mich auszahlen lassen. Er hat gesagt: „Ja, wir werden es versuchen", und hat es gleich ausgerechnet und fortgeschickt. Und in Kürze ist der Laden schon gelaufen.

Das Auszahlen hat geheißen, dass der Kindesvater keine Alimente mehr zahlen musste und kein Erbanspruch mehr bestand?
Ja, ausbezahlt bis zur Großjährigkeit. Das ist ausgerechnet worden, was er jeden Monat hätte zahlen müssen, und so habe ich es auf einmal bekommen. Dann haben wir um einen Bauplatz geschaut, und ein Baumeister und der Vater und noch ein paar aus Frauenkirchen haben auf ja und nein das Haus aufgestellt.

Das Haus hat Ihrer Tochter gehört?
Ja, der hat es gehört. Und da hat es geheißen, weil ich da drinnen wohnen kann, muss ich die Kleine großziehen. Als sie großjährig war, ist sie vorgeladen worden zum Bezirksgericht in Neusiedl, und dort ist ihr mitgeteilt worden, sie hat eine Liegenschaft in Podersdorf, sie kann damit tun und lassen, was sie will. Sie war in Wien und hat einen kennen gelernt, dem sie gesagt hat, sie hat in Podersdorf eine Liegenschaft stehen. Der hat dann gedrängt und gedrängt, dass sie verkauft. Wir haben es dann gekauft um 7000 Schilling im 1953er Jahr. Das war viel Geld. Wir haben damals alles verkauft, was wir hatten, die großen dicken Schweine, die wir zu Weihnachten abstechen hatten wollen, die ganze Frucht, die wir das ganze Jahr hatten, kurz und gut alles, bis wir 7000 Schilling zusammengebracht haben. Sie ist immer gekommen und hat gefragt, ob wir das Geld schon haben. Sage ich: „Nein, derweil noch nicht, musst du noch ein bisschen warten." Ja, also, sagt sie, sie braucht es, wenn wir es nicht kaufen können, dann lässt sie es trommeln *(im Ort durch den Marktschreier zum Verkauf ausrufen)*. Sage ich: „Um Gottes willen, es wird doch nicht so brennen. Lass dir doch Zeit, wir werden schauen." Ein paar tausend Schilling haben noch gefehlt. Mein Bruder, er ist schon verstorben, Gott tröste ihn, hat den Rest dazugegeben. Er hat gesagt: „Jetzt fährst du nach Wien und gibst das Geld nicht aus der Hand." Wir haben gesagt, sie soll sich nach einer Wohnung umschauen, weil das könnten wir nicht zulassen, dass sie ihr Haus verkauft und danach auf der Gasse steht.

Sie haben Ihrer Tochter die 7000 Schilling nicht direkt gegeben, sondern ihr gleich eine Wohnung gekauft.
Die Wohnung hat viertausend Schilling gekostet, und den Rest habe ich gegeben, damit sie sich einrichten kann, weil es war ja nichts drinnen. So, damit war alles gut.
Zurück zu meiner Heirat. Wie ich hab heiraten wollen, bin ich zum Pfarrer gegangen. Sag ich: „Herr Pfarrer, was darf ich denn anziehen?" „Na ja", sagt er, er hat es sich gar nicht zu sagen getraut, aber er hat es mir sagen müssen, „na ja, das ist eben schwer, ein Kind, das hätte nicht dürfen sein, das war eine Schande", da hat er ganz offen geredet. Hab ich gesagt: „Na ja, Herr Pfarrer, ich bin halt da, was ich jetzt anziehen darf auf das hinauf." Sagt er: „Ja, nur ein schwarzes Kleid." „Ja, um Gottes willen, Herr Pfarrer!" Da hab ich gleich so geschrieen mit ihm. Sag ich: „Nein, stellen Sie sich vor. Der Bräutigam kommt mit weißen Handschuhen, mit einem Sträußerl und ich mit einem schwarzen Kleid, nein, das geht nicht. Da tu ich zusammenstehen."

Was heißt Zusammenstehen?
Nur so zusammenleben. Sagt er: „Nein, nein, darauf wird der Bräutigam nicht eingehen", aber er kann mir nur ein schwarzes Kleid erlauben. „Und was bekomme ich auf den Kopf?", habe ich gefragt. „Ein weißes Kopftuch." „Jö, Herr Pfarrer, nein, das geht nicht. Da heirate ich nicht." Sterbenskrank war ich. Tag und Nacht hab ich gedacht: Darf ich wirklich nicht anders? Hat die Mutter gesagt: „Gehst halt hin und redest wieder mit ihm, er soll dir ein Blaues erlauben." Bin ich wieder zurück und habe gesagt: „Herr Pfarrer, könnte man das nicht ändern auf ein blaues Kleid, ich sehe meinen Fehler ein, aber

schwarz!" „Nein", sagt er, „ich muss bei Schwarz bleiben." Ich habe geglaubt, mich trifft der Schlag. Jessas Maria, jetzt sind wir gegangen, die Mutter und ich, den schwarzen Stoff kaufen. Die Tränen sind mir so heruntergeronnen. „Na ja, nützt halt nichts", hat die Mutter gesagt, „wenn der Herr Pfarrer das gesagt hat, dann muss es eben so sein." Dann sind wir zur Schneiderin gegangen mit dem schwarzen Stoff. „Na, nehmen Sie Platz, was soll es denn werden?" Hat die Mutter gesagt: „Ein Brautkleid." Hat die Schneiderin gesagt: „Schwarz haben Sie sich ausgesucht?" „Nein, das habe ich mir nicht ausgesucht." „Wie kommen Sie dann auf ein Schwarzes?" Die hat ja von dem Ganzen nichts gewusst. „Weil der Herr Pfarrer es will." „ Ja, wie kommt er denn auf das?" „Ich weiß es auch nicht." Ich habe es eh gewusst, aber nicht gesagt. „Ich sage Ihnen was, ich mach Ihnen das Kleid schwarz, aber wenn Sie es abholen, werden Sie schauen." Dann hat sie das Kleid beschrieben. Ein Kleid im Prinzessschnitt, wissen Sie.

Wie hat der Prinzessschnitt ausgeschaut?
Schön, lang bis zur Mitte der Wade und einen schönen weiten Schnitt, einen Prinzessschnitt halt. „Und dann mache ich Ihnen mit einer weißen Seide Manschetten, die dünn schwarz eingefasst sind." Wunderbar schön. Dazu einen breiten weißen Seidenschal, auch schwarz eingefasst, ganz dünn. Wunderbar schön hat das Kleid ausgeschaut, aber schwarz war es. Nur oben nicht. Wie mich der Pfarrer in der Kirche gesehen hat, habe ich geglaubt, den haut es um.

Was hat der Bräutigam zum Hochzeitskleid gesagt?
Geschaut hat er, aber er hat ja von dem Ganzen nichts gewusst. Er war schwarz gekleidet, eine von meinen Schwestern hat ihm die Krawatte umgebunden, eine schwarze Krawatte. Oder war es eine weiße? Handschuhe haben sie ihm angezogen und das Sträußerl haben sie ihm gesteckt. Er war ja erst 22 Jahre alt.

War er ein fescher Bräutigam?
Ja, ja. Schwarze Haare hat er gehabt wie der erste, hat eh so ausgeschaut wie er.

Hat der Pfarrer Sie trotz des Kleides getraut?
Jetzt hören Sie, eine Predigt hat der Pfarrer auch noch gemacht. Wir sind beim Altar gestanden, und er sagt, also, ich heirate von der Heimat weg, ich kann mir alles mitnehmen, aber die Heimat muss ich zurücklassen. Ich habe gar nicht viel hingehört. Ich habe gedacht: Du hast mir ein schwarzes Kleid verpasst, da bin ich auch giftig. Ich habe einen Zorn gehabt. So, dann sind wir heim zu seinen Eltern. Viele Leute waren wir ja nicht da.

War die Margret auch bei der Hochzeit dabei?
Nein, die war bei den Eltern ihres Vaters. Die war nicht da. Na, hören Sie. Das Zimmer war ausgeräumt, daheim bei den Eltern, da haben wir eine Mahlzeit gehalten. Ich weiß noch gut, eine Suppe und Fleisch und was dazu, und dann zur Nachspeise ein kalter Milchreis und Zimt oben drübergestreut. Hat nicht lange gedauert, sind ein paar Kaleschen dahergekommen.

Was sind Kaleschen?
Die Pferde mit dem Wagerl. Drei sind dahergekommen, da haben wir uns aufgesetzt und sind nach Podersdorf gefahren. Da war gerade Kirtag. Die Musikanten waren schon dort und haben uns erwartet. Wir haben drei Stücke bekommen zum Tanzen. Hören Sie, die springen alle ab, und wir springen auch ab, mein Mann und ich. Er war aufgeputzt und ich natürlich mit dem Kleid und dem Kopftuch. Und bevor ich abgestiegen bin, habe ich das Kopftuch abgenommen und es im Wagerl hingelegt. Und mit dem Kleid bin ich hineingegangen. Sie haben uns gratuliert, und der erste Tanz hat mir und meinem Mann gehört, und dann haben die anderen Paare mitgetanzt. Okay. Das ist alles gut vorbeigegangen. Aber ich habe mich gar nicht hochschauen getraut.

Warum haben Sie sich nicht aufschauen getraut?
Weil ich mich so geniert habe. Er hat ein Myrtensträußlein gehabt, ich habe nichts aufstecken dürfen, ich hatte nur den weißen Seidenschal. So, die Gäste haben sich dann verabschiedet, und ich und er sind heimgegangen. Er hat nichts gehabt, und ich habe nichts gehabt, nicht einmal einen Löffel. Ich habe nichts bekommen von daheim, als Strafe, und er war beim Heer und hat auch nichts gehabt, weil seine Mama der Schwester alles übergeben hat.

Maria Wohlfahrt erinnert die alten Geschichten noch sehr genau. Besonders eindringlich ist ihr die Zeit als ledige Mutter in Erinnerung. Das Kind Margret hat sie in einer Wiener Klinik zur Welt gebracht, weil sie nach einem Sturz in einen Brunnen im 8. Schwangerschaftsmonat als Risikoschwangere das Bett hüten musste.

Die Mutter hat mich aus der Klinik geholt. Am Abend sind wir mit dem letzen Zug um $^1/_2$ 7 heimgekommen. Ich habe das Kind im Arm, und der Vater kommt aus dem Zimmer heraus und sagt: „Jetzt werde ich dir etwas sagen. Heute Nacht hast du einen Aufenthalt, aber morgen will ich dich nicht mehr sehen. Du trägst es hin, woher du es geholt hast." Ich habe kein Wort darauf gesagt. In der Früh bin ich aufgestanden, das Kind hat kein Frühstück gehabt, ich habe kein Frühstück gehabt, und bin zwölf Kilometer zu Fuß nach St. Andrä gegangen, in die Gemeinde des Kindesvaters. Die Amtmannin, das war eine Frauenkirchnerin, hat gesagt: „Mitzi, wie kommst denn du daher?" Sie hat mich ja gekannt. Auch der Amtmann ist gleich dahergekommen, und ich habe ihn ersucht, ob er mir den Ernst Nemeth herbringen lassen kann.

Der Ernst Nemeth war der Vater des Kindes?
Ja. Und jetzt schauen Sie her. Der Gemeindediener ist mit seinem Rad zu seinen Eltern gefahren und hat ihn gebracht. Der Ernst ist mit einer schweren Maschine gekommen. Wie er mich gesehen hat, habe ich geglaubt, er fällt um. „Ja, wie kommst denn du da her?" hat er gesagt. Sag ich: „Na ja, das werde ich dir gleich sagen." Nein, hat er gesagt, ich soll ihm da nichts erzählen, ich soll mit zu den Eltern kommen. Na, was glauben Sie, wie ich dort hingekommen bin! Der Papa war ein sehr guter Mann, aber die Mama hat Haare auf den Zähnen gehabt. Die hat geschimpft, geschimpft. Damals, als ich schwanger geworden bin, ist der Ernst mit einem Schippel Geld dahergekommen und hat gesagt, ich soll es mir nehmen lassen. Ich hatte eine Schwester in Wien, die war auf der Krankenkasse angestellt, zu der bin ich gefahren, und die ist mit mir zu einer Madame gefahren.
Ich wollte es mir wirklich nehmen lassen. Als wir zu der Madame gekommen sind, habe ich ihr gesagt, was ich will, und sie hat gesagt: „Ja, ja. Nehmen Sie doch Platz auf der Couch." Ich habe mich dort hingesetzt. Auf einmal kommt sie daher, hat da etwas in der Hand gehabt, aber zugedeckt. Und ich sage zu ihr: „Was haben Sie denn da? Wie machen Sie denn das jetzt?" Und sie sagt: „So fragen brauchen Sie nicht, das werden Sie eh gleich sehen." Da habe ich sie weggetaucht und gesagt: „Nein, ich lasse mir nichts machen." „Warum sind Sie dann hergekommen?" „Na ja, ich habe mir das überlegt, ich lasse mir nichts tun." Jetzt war die Frau böse. Ich weiß nicht, was mich da so abgeschreckt hat. Sie hat mir nichts erklärt und gezeigt und nichts gesagt, und da habe ich mich zurückgeschreckt. Wie ich hinauskomme, sitzt meine Schwester schon auf der Bank. „Bist du schon fertig?" „Ja." „Na, das ist aber jetzt schnell gegangen. Na und, wie war es?" „Wie es halt war. Das erzähle ich dir daheim." Daheim angekommen, setzen wir uns nieder, und ich sage: „Ich habe mir gar nichts machen lassen." Sie hat die Hände zusammengeschlagen. Als ich heimkomme, am Abend, mit dem letzten Zug, nach Frauenkirchen, hat er schon gewartet, der Kindesvater. „Na, grüß dich." „Ja, grüß dich.

Ist eh alles gut vorbeigegangen?" „Ja", sag ich. „Hast eh genug Geld gehabt, hast nicht zu wenig gehabt?", hat er gefragt. „Hast eh nichts von dir dazugeben müssen?" „Nein", sag ich, „da habe ich eh das ganze Geld. Ich habe mir ja gar nichts machen lassen." Ich habe gedacht, den haut es gleich um. Die Hände hat er zusammengeschlagen, einen Zorn hat er gehabt. „Jetzt habe ich dir eh so viel Geld gegeben, hast du zu wenig gehabt?" „Nein." „Warum dann?" „Weil ich mir nichts habe machen lassen!" Jetzt war er böse. Im Hof bei den Eltern hatte er seine Maschine stehen, da ist er hinaus, hat sich auf die Maschine gesetzt, ist hinaus beim Tor, und fort war er. Ich habe mir gedacht, jetzt habe ich es halt und aus.

Dieses ungewollte Kind haben Sie nun zu den väterlichen Großeltern gebracht.
So, jetzt war ich mit dem Kind bei seinen Eltern. Ich habe es auf den Tisch gelegt und mich niedergesetzt. Sie haben mir etwas zu essen hergestellt, aber ich habe nichts angerührt, obwohl ich seit der Früh, als ich fortgegangen bin, nichts gegessen hatte. Ich habe überhaupt nichts essen können. Die Amtmannin hat der Kleinen etwas zu trinken gegeben und hat sie trocken gemacht, aber gegessen habe ich nichts. Auf einmal sagt seine Mama: „Mitzi, geh zu deinen Eltern zurück und sage, wir leisten für das Kind alles, was das Kind braucht, aber behalten können wir es nicht." Jetzt habe ich einen Zorn bekommen und bin aufgestanden, habe das Kind genommen, bin hinaus, habe es vor der Tür niedergelegt und bin verschwunden.
Die Mama geht aus dem Haus, sieht das Kind vor der Tür liegen, hat wahrscheinlich das Kind genommen und ist mir nachgelaufen. Geschimpft und geschrieen hat sie: „Na so etwas, so eine Mama, das kann es doch nicht geben, das Kind niederlegen, wie sie so etwas übers Herz bringen kann." Sie hat mich eingeholt. Mich hat das angegriffen, was sie geschrieen hat, und so bin ich langsamer gegangen. Sie hat mich erwischt, rennt vor mich hin, legt vor mir das Kind nieder, ich steige wieder über das Kind drüber und geh fort und lasse es wieder liegen. Es stimmt, was ich Ihnen da sage. Hören Sie, ich bin schon ein schönes Stück gegangen. Auf einmal ist es gewesen, als ob mich jemand zurückgerissen hätte. Ich bleibe stehen, schaue mich um, ich sehe das Kind nicht. Da bin ich unruhig geworden, weil ich nicht wusste, ob sie das Kind genommen hat. Auf der Wiese nebenan war der Kühhalter mit einem Buben. Ich habe den Buben gebeten, er soll zurückgehen. Wenn er ein Kind findet, soll er es mir bringen. Als der Bub zurückgekommen ist, habe ich schon gesehen, dass er das Kind auf die Schulter genommen hatte. Blau wie eine Zwetschke war es, geschrieen hat es. Ich habe meinen Mantel ausgezogen, es eingewickelt und bin wieder hinein in die Gemeinde nach St. Andrä. „Jö", hat die Amtmannin gesagt, „Mitzi, kommst wieder zurück mit dem Kind? Hat es die Mama nicht wollen?" „Nein, die Mama hat gesagt, sie kann es nicht behalten, aber sie leisten alles für das Kind. Ja, was nützt denn das alles?" „Was machst du denn jetzt?" „Das weiß ich jetzt noch nicht. Soll ich es in den See schmeißen?" „Nein, solche Gedanken darfst du nicht einschalten", hat die Amtmannin gesagt. „Beruhige dich, nimm Platz, trink einen Tee." Auf einmal habe ich schon gehört, dass der Amtmann hinauftelefoniert nach Frauenkirchen, eine verzweifelte Kindesmutter sitze da bei ihm, die hat müssen von daheim fortgehen mit ihrem Kind, sie wisse nicht, wie es weitergehen soll. Hat nicht lange gedauert, hat der Bürgermeister wieder zurücktelefoniert, es wird alles in Ordnung kommen bei der Familie Wittmann, und sie kann heimkommen. Der Dienstbote hat schon auf mich gewartet, als ich mit dem Zug in Frauenkirchen angekommen bin. Ich musste mit ihm bis zum Elternhaus gehen. Wir gehen bis zum Haustor, er hat sich verabschiedet, und ich mache einen

Schritt weiter zum Fenster hin. Steht die Mutter drinnen und sagt: „Gib das Kind her, aber du musst verschwinden."
Und ich habe ihr das Kind gegeben und bin verschwunden. Hinaus auf den Bahnhof. Es war Abend. Und ich habe nichts gehabt, keine Kleider, nur den Mantel, den ich angehabt habe, kein Geld, kein Nichts.

Die Mutter schickt Maria auf den Bahnhof noch ein Schmalzbrot und zwanzig Schilling nach. Damit fährt Maria nach Wien und verdingt sich als Hausmädchen in wohlhabenden Haushalten und als Bedienstete im Blindeninstitut.
Nach ihrer Heirat bekommt sie insgesamt acht Kinder. Ihr Mann stirbt 1971. Maria Wohlfahrt verkauft das Haus in Podersdorf und zieht zu einer ihrer Töchter nach Mörbisch. Als diese stirbt, zieht sie deren drei Töchter groß und lebt bei der jüngsten Enkelin bis zu deren Heirat.

Ich habe noch ein Plakat, das mir das Enkerl zum 90er geschrieben hat. Sie war 16 Jahre alt, ich habe ihr ja die Mutter ersetzt, die Mama. Zum 90er, den haben wir im Gasthaus gefeiert, hat sie mir ein Plakat geschrieben *(sie zitiert aus dem Gedächtnis)*: „Liebe Mutter, vor 90 Jahren bist du geboren. Seither ist dir schon vieles widerfahren. Du hast deinen Willen niemals verloren, obwohl so harte Zeiten waren und es knapp war mit dem Geld. Acht Kinder setztest du in die Welt. Du warst für deine Kinder immer da, für einzelne jedes Jahr." Das hat sie geschrieben. „Deine Kinder werden immer an dich denken und dir viel Liebe schenken. Vor 25 Jahren hat dann dein Leben eine Wendung genommen. Du bist nach Mörbisch zu meiner Mutter gekommen und hast dich meiner zwei Schwestern, Brigitte und Manuela, angenommen. Nach vier Jahren komm dann noch ich dazu, das ist die Eveline, und die mich erzogen hat, kann man nur wirklich sagen, die warst du. So wünschen wir dir, liebe Mutter, Freude am Leben, Gesundheit und Glück, und bleibe weiterhin bis zu deinem 100er so fit. Weil ohne deine Existenz wären wir alle nicht hier, und dafür, liebe Mutter, danken wir dir. Von deiner Eveline."

Doch nach ihrer Heirat will Enkelin Eveline mit ihrem Mann allein sein.

Und dann hat sie gesagt: „Mutter, ich sag dir was, ich will mit meinem Mann allein sein. Du gehst ins Heim oder zur Tante Fini." „Jö, nein, ich bin schon seit dem 71er Jahr da, das sind schon über 30 Jahre, was ich da alles geleistet habe in dem Haus, ich hab dir ja die Mama ersetzt." Nein, sie will mit ihrem Mann allein sein. Alle zwei Enkerl haben mich ins Heim gefahren nach Podersdorf. Wie ich dort hineingekommen bin, waren zwei Schwestern da, die sind mir gleich entgegen gekommen. „Jö, die Wohlfahrt-Mutter, kommen Sie zu uns?" Sag ich: „Nein, anschauen komme ich nur." Dann haben sie mich in die Zimmer geführt, in den Garten, alles haben sie mir gezeigt. Auf einmal kommt der Ingenieur daher, der das gebaut hat: „Jö, wen sehe ich da? Grüße Sie, Frau Wohlfahrt, kommen Sie zu uns?" Sage ich: „Nein, momentan nicht." Sagt er: „Wenn wir soweit sind, dass wir älter sind, kommen wir ja auch her." Na ja, okay. Wie ich gesagt habe, ich bin noch nicht pflegebedürftig, was soll ich denn da, haben die zwei Enkel gesagt, ich kann Esszeug wickeln, ich kann in der Küche helfen. „Ich geh doch nicht ins Heim helfen, das könnt ihr doch von mir nicht verlangen, um Gottes willen, Kinder, was wollt ihr denn mit mir machen, nein, ich mach das nicht."
Jetzt bin ich so aufgeregt gewesen. Ich bin hinaus und habe mich ins Auto gesetzt. Dort habe ich so viele Tränen fallen lassen. Ich habe mir gedacht, ich muss schauen, dass ich da wegkomme, ich halte das nicht aus, ich kann mich doch nicht hineinsetzen, ich will doch noch hinaus.

Der Konflikt mit der Enkeltochter eskaliert. Momentan lebt Maria Wohlfahrt bei ihrer Tochter Josefine. Ein gerichtliches Verfahren soll die Lage klären.

Gibt es überhaupt keinen Kontakt zu Ihrer Enkelin?
Nein. Ich sag Ihnen etwas, der Herr Bürgermeister hat mir geschrieben zum 98er. „Liebe Frau Wohlfahrt", hat er geschrieben, „ich wünsche Ihnen alles Gute, Freude im Leben und Gesundheit und so, und ich hoffe auf ein baldiges Wiedersehen und Grüße von ganz Mörbisch."

Jetzt müssen Sie mit 100 Jahren noch gegen die eigene Enkelin um den Wohnsitz prozessieren.
Ja, ja. Aber ich sage Ihnen ehrlich, ich lasse trotzdem auf das Enkerl nicht viel kommen, weil das kommt nicht von ihr allein, da sind Stichler da, weil sie wäre mit so etwas nicht zu mir gekommen. Weil ich habe mit ihr, solange wir dort waren, keinen Streit gehabt. Ich habe ihr gegeben, was sie gebraucht hat. Ich habe ihr ein Brautkleid gekauft, oh, wunderbar schön, mit einem ausgebreiteten Schlepp, fast wie eine Krone oben, wunderbar schön. Ich habe immer gespart für sie.

Was geht Ihnen mehr ab, die Enkelin oder das Haus?
In Mörbisch geht mir alles ab. Jetzt singe ich immer, wenn ich mich abends ins Bett lege, bete für alle Verstorbenen, dann fange ich so zum Reden an mit mir alleine, bis ich halt einschlafe. Aber ich sage Ihnen, obwohl alles so arg abgegangen ist, wenn sie heute zu mir sagen täte, ich kann heimgehen, und ich soll ihr verzeihen, ich wäre sofort wieder dort. Wissen Sie, wie weh es mir tut, im Geheimen, das können Sie gar nicht glauben. Wie weh mir das tut. Schwer ist das, ich sage es Ihnen. Was ich schon alles mitgemacht habe. Aber verlassen bin ich nie gewesen, ich habe immer eine Stütze gehabt. Ich muss das alles überwinden, und es ist immer alles gegangen.

Ist Ihnen bewusst, dass Sie bald 100 Jahre alt werden?
Nein, ich bin erst 99 geworden, im Dezember. Das darf man gar nicht sagen, ich will gar nicht sagen, dass ich schon so alt bin.

Freuen Sie sich nicht auf den 100er?
Nein, ich will es nicht sagen, nein. Dass ich schon so alt bin, das will ich nicht sagen.

Denken Sie auch ans Sterben?
Nein, oje, von dem will ich nichts wissen. Da rede ich gar nicht davon.

Fürchten Sie sich davor?
Nein. Nachher lese ich Romane, wenn ich nicht schlafen kann. Die Romane habe ich alle in meinem Zimmer.

Wie alt möchten Sie denn werden?
Nein, ich will überhaupt nicht sterben. Ich will nichts wissen vom Sterben. Da wird mir bange. Oje, wenn ich drauf denke! Wenn ich zu einem Begräbnis gegangen bin, habe ich immer gedacht, Jessas Maria, nein.

Das Gespräch mit Maria Wohlfahrt wurde am 14. Jänner 2006 in Arbesbach, Niederösterreich, geführt.

Bibliografische Information der Deutschen Bibliothek
Die Deutsche Bibliothek verzeichnet diese Publikation in der Deutschen Nationalbibliografie; detaillierte bibliografische Daten sind im Internet über http://dnb.ddb.de abrufbar.

www.residenzverlag.at

Umschlaggestaltung: Malwina Sohr
Umschlagbild: Petra Rainer
Grafische Gestaltung/Satz: Malwina Sohr
Gesamtherstellung: Druck und Media Pfeifer

ISBN-10 3-7017-3023-7
ISBN-13 978-3-7017-3023-0

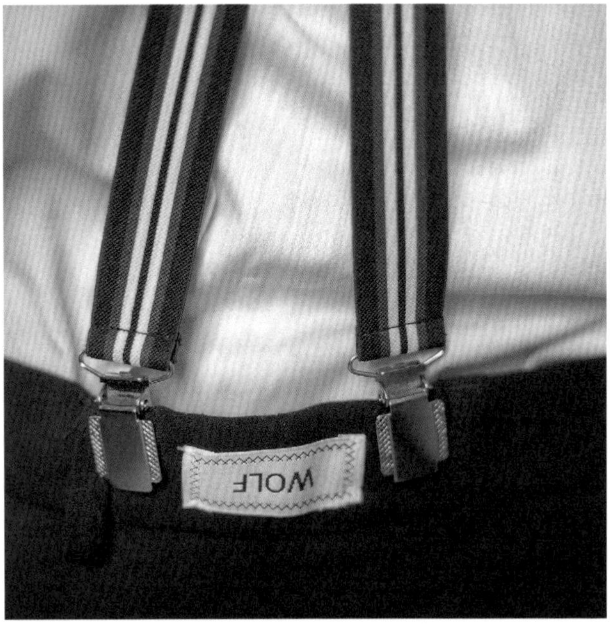
WOLF

NORMAL
120
115
110
105
100
95
5
15
20
25
30
90
80
70
60
50
40
35